INES WITKA

DIE NACHT DER MASKEN

Wahre Geschichten über die exklusivste Erotikparty der Welt

GATZANIS

REPORTAGE

Die Nacht der Masken

4

CLAUDIUS

Das ist meine Rolle: Ich bin Nick Nightingale, der Freund von Bill Harford aus dem Film ›Eyes Wide Shut‹.

16

OLIVIA & ANDREAS

Wir spielen über Stunden mit Dildos und Peitschen oder mit hochempfindlichen Utensilien wie Federn und Nervenrädern.

30

STINA & JACK

Sie verkörpert die Edelhure – und ich bin ihr Liebhaber.

46

SABAH, JEAN-PIERRE, OASIS, CLAUDE UND VALMONT

Ich bin der Meister der Damen Sabah und Oasis wie Sir Stephen für die O.

62

VIVIAN & MICHAEL

Auf einmal waren wir zu viert, und ich wusste nicht genau, zu wem welcher Körperteil gehörte, aber es war wunderbar.

74

DIETMAR

Es ist ein wahnsinniger Kick – andere zu beobachten und gleichzeitig zu wissen, dass man selbst auch beobachtet wird.

88

MIRJAM & ANSGAR

Ich genieße es, wenn Frauen sich lieben. Es ist einfach ein schönes Bild, auch ganz unabhängig von SM.

100

HELEN & JOHANNES

Unsere Phantasien drehen sich meist um Sex mit Fremden, diese verwirklichen wir auch – wir sind Swinger.

114

PIA

Bei mir muss der dominante Part ein Gentleman sein, der mich zwar dominieren, aber nicht demütigen darf.

124

CHRISTEL & FREDI

Unseren jungen Begleiter hatten wir unter den Tisch geschmuggelt, er sollte einfach die Tischrunde der Reihe nach verwöhnen.

136

DAS GESPRÄCH MIT DEN MACHERN DIESES EINZIGARTIGEN EVENTS

Wir bieten unseren Gästen die erotische Atmosphäre. Wie sie den Abend gestalten, ist dann ihre Sache, denn Sexualität ist etwas sehr Individuelles.

146

EXKURS IN DIE KULTURGESCHICHTE DER MASKE

Masken und Erotik

166

Die Nacht der Masken
Reportage

Als ich die Kunstgalerie betrat, wartete Julia bereits auf mich. Neben den gedrungenen Formen der Skulpturen wirkte sie wie ein Model. Wir küssten uns rechts und links auf die Wangen, plauderten über dies und das. Ihre schlanken Finger spielten unablässig mit einer langen Perlenkette. Ich spürte, dass sie mir etwas sagen wollte, und als sie tief Luft holte, beugte ich mich unwillkürlich zu ihr hin.

»Ich habe mit meinem Freund eine geheime Party auf einem Schloss besucht«, flüsterte sie leise in mein Ohr. Dann schaute sie mich erwartungsvoll an. »Ah, ja? Und was war das Geheime daran?« »Alle trugen Masken, ich auch. Dabei habe ich mich gefühlt, als sei ich in den Film *Eyes Wide Shut* von Stanley Kubrick versetzt worden; in die Szene in der schlossartigen Villa, die man nur mit einem Passwort betreten kann. Kennst du den Film?« Als ich nickte, redete sie schnell und atemlos weiter, ihre Finger drehten unablässig den Perlenstrang: »Die Frauen tragen venezianische Masken und die Männer Mönchskutten über ihren Anzügen. Erinnerst du dich? Ich fand das irre erotisch, wie dieser düstere Zeremonienmeister mitten in einem Kreis von wunderschönen, fast nackten Frauen steht, dann streng auf eine Lady zeigt und sie einem der geladenen Männer zuweist. Reihum.« In ihren Augen glitzerte es: »Eine Maske zu tragen, fand ich ziemlich scharf. Du weißt, dass dich keiner erkennt, du kannst dich einfach treiben lassen. Dann erlebst du Momente, die du sonst nie zulassen würdest.«

»Welche denn?«, fragte ich und versuchte dabei nicht allzu neugierig zu klingen. Sie antwortete nicht gleich, zupfte erst noch an ihrem perfekten Haarschnitt herum: »Hast du schon einmal eine Frau geküsst? Oder anderen beim Vögeln zugesehen?« Als ich mehr erfahren wollte, schüttelte sie den Kopf: »Ich habe eine Verschwiegenheitserklärung unterschrieben. Wenn es dich interessiert, gehe selber hin. Außerdem bin ich noch verabredet und spät dran.« Dann ging sie auf ihren hochhackigen Pumps davon, und mir war klar, dass sie es genossen hatte, sich mir gegenüber als moderne, erotisch aufgeschlossene Frau zu präsentieren. Julia hatte es geschafft, meine Phantasie war beflügelt, und da ich immer auf der Suche nach interessanten Themen bin, über die ich schreiben kann, startete ich eine Recherche im Internet. Dabei stieß ich auf unendlich viele Erotikpartys und Fetischveranstaltungen. Die Anzahl der möglichen Veranstaltungen grenzte sich auf einige wenige ein, denn ich suchte eine exklusive Party, die auf einem Schloss stattfindet und nicht in einem Swingerclub im Industriegebiet, eine, auf der sich meine Freundin Julia wohlfühlen würde. Als ich über die Nacht der Masken las, dass sie auf einem historischen, herrschaftlichen Schloss in der Mitte von Deutschland stattfinden sollte, dass an diesen Abenden Maskenzwang herrscht und dass die Karten 500 Euro kosten, wusste ich, dass ich Julias geheimnisvolle Party gefunden hatte. Mutig bestellte ich zwei Karten. Obwohl auf der Website versprochen wurde, dass es sich um das erotischste Schloss-Event der Welt handeln sollte, war die eingehende E-Mail sehr sachlich: »Bitte bezahlt innerhalb von drei Tagen. Die Tickets gehen wie immer erst nach Zahlungseingang an Euch raus.« Also überwies ich die 500 Euro und las mich in das Masken-Thema ein.

Als ich zehn Tage später den Umschlag der Eventagentur aufriss, klopfte mein Herz schneller als sonst. Schon die Eintrittskarten waren ein Versprechen, eine junge Frau mit langen Haaren und wohlgeformtem Mund lächelte mich verführerisch an. Ein Verhaltenskodex erklärte die Regeln, die Wegbeschreibung sollte die Paare zu dem verheißungsvollen und bis jetzt geheim gehaltenen Ort führen. Die Verschwiegenheitserklärung lag ebenfalls bei. Nun galt es, meinen Freund Thomas für das Vorhaben zu gewinnen, denn das Schloss der Lust wollte und durfte ich nach den Regeln der Veranstalter nicht allein erkunden. Als er hörte, dass er seine Personalien angeben muss, reagierte er zurückhaltend. Als ich ihm die Internetseite zeigte, staunte er. Und nachdem er gelesen hatte, dass uns dort ein sinnliches Fest, dekadente Ausschweifungen und prickelnde Erotik erwarten würden, zögerte er nicht länger: »Wenn es dir bei deinen Recherchen hilft – warum nicht?« Dabei grinste er.

Endlich ist es so weit, am letzten Freitag im November steuert Thomas sein

Also überwies ich
die 500 Euro ...

BMW Cabrio in der Festkleidung eines Adligen. Die weißen Rüschenmanschetten fallen locker über seine Hände, das passende Spitzenjabot auf der Brust lugt aus dem Ausschnitt seines roten Gehrocks, die ledernen Stulpenstiefel gehen weit über die Knie. Während er zufrieden mit seiner Kleiderwahl ist, hadere ich mit meiner: »Hätte ich dich doch lieber zum Kostümverleiher begleiten und ein sittsames historisches Kleid nehmen sollen? Oder das kurze, dekolletierte silberne Cocktailkleid mit Nahtnylons?« Er schaut kurz zu mir herüber: »Meine Abenteurerin, ich finde dich hinreißend schön.« Je näher wir dem Ziel kommen, desto enger schnürt mich die goldglänzende Korsage ein, der farblich passende Rock scheint mit jedem Kilometer kürzer zu werden. Nervös reibe ich meine glänzenden Beine aneinander: »Egal was uns dort erwartet, wir beobachten nur. Vergiss nicht: Du bist mein zweites Paar Augen und Ohren, denn Aufnahmen darf ich dort keine machen, weder Bild noch Ton.« Thomas legt seine Hand auf meinen Oberschenkel und streichelt mit dem Daumen die nackte Haut, die über dem glatten Abschluss des halterlosen Strumpfes unter dem Rock hervorblitzt. »Wenn alle Frauen dort so aussehen wie du, wird das aber schwierig mit der Konzentration werden. Vielleicht ist die gesamte Aufmachung der Internetseite aber auch nur ein Marketingtrick, um ein Vier-Gänge-Menü möglichst teuer zu verkaufen.« Unser Ziel, ein Dorf, dessen Hauptattraktion das Schloss ist, liegt in einer dünn besiedelten, waldreichen Gegend. Thomas parkt neben einem Porsche mit Hamburger Kennzeichen, der Sportwagen ist nicht die einzige Edelkarosse, die hier steht. Bevor wir aussteigen, setzen wir unsere Masken auf. Thomas trägt ein schlichtes silbernes Modell und ich ein kunstvoll gearbeitetes Meisterwerk aus Venedig. Voilà, das Spiel kann beginnen, wir sind bereit für die Nacht der Masken!

An Thomas' Arm stöckle ich vorsichtig über das Pflaster, der Wind bauscht meinen langen Samtmantel kurz auf. Fackeln beleuchten das große hölzerne Tor. Vor uns geht ein Pärchen in Wintermänteln. Sie hat ihre Maske mit einem Kranz aus schillernd blauen Federn schon auf, er trägt eine weiße Larve in der Hand. Der Eingang wird von zwei Männern in wattierten Jacken bewacht. Die Masken dienen als Erkennungszeichen, dass wir zu den fünfzig Paaren jenes elitären Zirkels gehören, der die ehemalige Sommerresidenz der großherzoglichen Familie dieser Region heute in ein Lustschloss verwandeln wird. Ob das dem Landgrafen recht wäre? Vielleicht, der Adel hat schon immer gern dekadent gefeiert. Ohne viel zu fragen, öffnen die ›Wachen‹ uns das Tor und zeigen Richtung Hauptturm. Ich gehe hinter Thomas eine schmale Treppe nach oben, die Decke ist so niedrig, dass er den Kopf einziehen muss. Im ersten Raum sitzt eine Frau mit pechschwarzen Haaren in einem roten, tief dekolletierten Abendkleid an einem Tisch, über den eine dunkle Samtdecke gebreitet wurde. Ihr reiche ich unsere Personalausweise und Eintrittskarten. Sie vergleicht die Namen mit der Liste der Anmeldungen, die unterschriebenen Verschwiegenheitserklärungen heftet sie in einem bereits gut gefüllten Ordner ab. Mit freundlichem Lächeln erklärt sie: »Bitte habt Verständnis dafür, dass Ramona einen Blick in eure Tasche werfen wird. Kameras und Fotohandys sind bei uns verboten.« Wir werden sogar kurz abgetastet, erst dann dürfen wir eintreten. Eine steile Treppe führt in die kleine feine Bar hinunter, deren Fensterfront sich zum Innenhof der Burg öffnet. Thomas nimmt zwei Gläser Sekt von einem Tablett, und wir setzen uns auf eines der Ledersofas. Neben mir unterhält sich eine Rokokodame mit ihrem Begleiter auf Französisch. Eine junge Frau lehnt lässig an der Theke, das eng geschnürte rote Oberteil formt ihr eine sehr schlanke Taille, auf dem kupfernen Haar sitzt frech ein burleskes Hütchen mit Schleier. Sie bestellt sich »One glass of white wine, please«. Im Spiegel sehe ich mich, eine geheimnisvolle Frau, die Steine auf der Maske funkeln im Licht der Bar, zwei dämonische Köpfe zieren rechts und links meine Schläfen, zwei Eidechsen winden sich bis zu den Lippen hinunter. Die Echsenaugen glitzern gefährlich, während meine im Dunkeln liegen.

Der Mann am Klavier spielt gelassen *It's ecstasy when you lay down next to me* von Barry White, und ich frage mich, was er schon alles auf der Nacht der Masken gesehen hat. Mehr als Augenkontakte und Wortgeflüster? Sanfte Berührungen? Handfeste Begegnungen? Der Gastgeber René, in schwarzer Husarenuniform mit glänzenden Messingknöpfen, klopft an sein Glas: »Willkommen, liebe Gäste, welcome und bonsoir. Wir freuen uns, dass wieder so viele von euch unserem Wunsch gefolgt sind und die zahllosen Möglichkeiten, sich erotisch zu kleiden, so phantasievoll genutzt haben. Das macht die Atmosphäre unserer Nacht aus.« Die Frau, die gemeinsam mit uns die Burg betreten hatte, lässt die Hände über ihr Kleid gleiten, das mehr Haut entblößt als bedeckt. Mit ihrer Figur könnte sie ein Bikini-Model sein. »Wer die extravaganten Fetischoutfits, die historischen Kostüme und die vielen verführerischen Ideen unserer schönen Gäste sieht,

Ein Spalier von Feuerschalen
beleuchtet den Innenhof,
der Schein der Flammen
verbreitet orangefarbenes Licht,
die Schatten der über den
Hof eilenden Paare tanzen auf
den alten Burgmauern.

weiß, warum wir zusammen sind. Wir sind hier, um gemeinsam einen sündigen Abend zu erleben.« Das Versprechen lässt die Augen der Gäste leuchten, wie zur Bestätigung nicken sich einige kurz zu.

»Bevor wir zum Essen gehen, möchte ich noch an unsere Spielregeln erinnern. Wachsspiele sind nicht erlaubt, auch nicht im Gewölbekeller – das ist dem Schlossbesitzer zu gefährlich. In den Gemächern der Burg haben wir wieder SM-Spielgeräte aufgestellt. Das Verlies ist geheizt, und wem es dort zu hart zugeht, verlässt bitte ruhig den Raum, ohne das Szenario zu stören. Es gibt für jeden erotischen Wunsch einen Ort. Respektiert bitte die Lust des anderen und vergesst nicht: Wir sind eine tolerante Gesellschaft. Genug der Worte, lasst uns feiern! Folgt mir über den Hof in den Rittersaal.« Er öffnet die Tür, kalte Novemberluft dringt in die Bar. Die Damen ziehen fröstelnd die dünnen Seidenstolas um die nackten Schultern. Ein Spalier von Feuerschalen beleuchtet den Innenhof, der Schein der Flammen verbreitet orangefarbenes Licht, die Schatten der über den Hof eilenden Paare tanzen auf den alten Burgmauern.

Im Hauptbau schreiten wir eine Wendeltreppe hinauf, die uns in den Rittersaal führt. Auf einer kleinen Bühne spielen zwei Musiker klassische Musik. Die Tische sind mit silbernen Leuchtern, Masken und Federschmuck festlich dekoriert. Schwarz gekleidete Kellnerinnen und Kellner bieten eisgekühlten Chardonnay oder einen wohltemperierten Merlot an. Gläser klirren aneinander, Gelächter weht durch den Raum. Wer bereits an den Tischen sitzt, verfolgt mit neugierigen Blicken diejenigen, die einen Platz suchen – sehen und gesehen werden scheint ein Teil des Vergnügens zu sein. Während ich auf schwindelerregend hohen Schuhen unsicher durch den Saal schreite, fühle ich mich trotz Maske ziemlich verletzlich und überhaupt nicht mehr als Undercover-Reporterin. Zögerlich gehe ich auf einen halb besetzten Tisch zu. Sofort springt ein Herr im historischen Festgewand auf. Die Schnallenschuhe, die brokatene Manteljacke und die lockige Langhaarperücke kennzeichnen ihn als Mann des Hochadels. Zuvorkommend rückt er mir einen Stuhl zurecht: »Darf ich uns vorstellen?« Er weist auf seine Begleiterin, die huldvoll das Haupt neigt. »Marie Angélique, die Mätresse des Königs.« Mit einer leichten Verbeugung zeigt er auf sich: »Wir sind König Ludwig XIV.«

Er redet von sich nur im Pluralis Majestatis, fällt während des gesamten Essens nicht aus seiner Rolle. Ein Pärchen aus Holland kommt hinzu. Sie trägt ein Kleid aus schwarz glänzendem Satin, die Taille ist mit einem Korsett eng geschnürt, der Rock fällt lang zu Boden. Aber das Besondere ist, dass bei dem Kleid der O, und um ein solches handelt es sich, die Brust unverhüllt ist. Die Holländerin hat eine gewaltige Oberweite, und fasziniert schaue nicht nur ich auf diese prächtigen weißen Brüste. Als Schmuck trägt sie ein Halsband mit einer Öse, ihr devotes Bekenntnis ihrem Mann gegenüber. Er, im klassisch schwarzen Abendanzug, von Beruf Arzt, stellt einen kleinen Lederkoffer neben sich ab.

Seine Maske mit Schnabelfortsatz erweist sich beim ersten Gang, einem köstlichen Steinpilz-Tiramisu, als tückisches Hindernis. Nach einem leichten Cremesüppchen und vor dem gebratenen Wolfsbarschfilet steht der Arzt auf, seine Frau folgt ihm mit gesenktem Kopf. Was wird mit ihr geschehen?

Diesem ersten Geheimnis des Abends möchte ich unbedingt auf die Spur kommen, und so lasse ich mich in den Gewölbekeller locken. Mit seinem Andreaskreuz und den Käfigen wirkt er wie ein mittelalterlicher Folterkeller. Kleine Rollwägen, bestückt mit Kondomen, Desinfektionsspray und Kosmetiktüchern, stehen neben dem Sklavenstuhl und der Streckbank. Düstere Choräle unterstreichen die schaurige Atmosphäre. Doch für das holländische Paar scheint es der richtige Ort zu sein: Sie senkt das Knie vor ihm, er nimmt ihre Demutsgeste an und befiehlt ihr, sich an das Andreaskreuz zu stellen. Dort fixiert er sie mit stabilen Ledermanschetten, seinem Koffer entnimmt er eine Gerte. Ich wage nicht weiter hinzuschauen, beim Verlassen des Raumes begleitet mich das klatschende Geräusch von Leder, das auf nackte Haut trifft. Von ihr höre ich keinen Laut. Als die beiden wieder bei uns am Tisch eintreffen, zeigen die imposanten Brüste der O deutlich die Spuren seines Handelns, und sie wird von Ludwig XIV. zu diesem Umstand befragt. Mit niedergeschlagenen Augen, aber mit Stolz in der Stimme gesteht sie: »Das hat mein Meister getan.« Ludwig XIV. ist sprachlos.

Mittlerweile ist es im Rittersaal sehr heiß. Die Frauen fächeln sich Luft zu, die Männer öffnen die Anzugjacken. Ein weibliches Künstlerpaar bietet auf einer improvisierten Bühne eine kleine szenische Performance. Thomas ist entzückt, wird die junge Frau, die einen knabenhaften Pagen spielt, dabei doch von der Schlossherrin entkleidet. Als diese dann gänzlich undamenhaft ihren Rock rafft, kommt ein schwarzer Umschnalldildo zum Vorschein. Sie zieht ihre junge Gespielin auf den Schoß und vögelt sie, die silbern leuchtenden Sterne auf den Brustwarzen des Pagen wippen heftig auf und ab.

Im Halbdunkel finden die Maskierten zusammen, lieben sich in einer freien, wilden Choreografie, die dezente Musik untermalt das erregte Seufzen und Keuchen.

Anregende Inspiration bietet nicht nur die kleine Theaterinszenierung, nein, die Maskenträger selbst sind das Programm. Die weiblichen Gäste genießen es, sich zu präsentieren und ihre körperlichen Reize gekonnt in Szene zu setzen. Entsprechen sie auch nicht alle dem gängigen Schönheitsideal, so stört das die erotische Atmosphäre doch keineswegs. Durchtrainierte Herren zeigen sich im Kettenhemd, im Rock und einer, sehr gewagt, zwar mit Smokinghemd und Stiefeln, allerdings ohne Hose. Einige Gäste haben den Saal bereits vor dem letzten Gang, der Crème brûlée mit Cassis-Eis, verlassen. Aber nun, da das Mahl beendet ist, strömen auch die anderen rasch hinaus. Ich dränge Thomas zum Aufbruch, um nichts von dem sinnlichen Live-Schauspiel zu verpassen, das die Paare, die sich die Lizenz zur Ausschweifung gegeben haben, sicher bieten werden. Den roten Lichterschlangen folgend gehen wir einen langen Flur entlang, rechts und links führen Türen in Liebeszimmer. Die Mätresse des Königs Marie Angélique hat ihr historisches Gewand wohl an der Garderobe abgegeben, denn sie liegt statt im edlen Kleid nur noch mit Netzstrümpfen und High Heels bekleidet auf dem breiten Bett und lässt sich gleich von mehreren Herren des Hofes verwöhnen. Die nächste Tür ist angelehnt, beim Vorbeigehen vernehmen wir lustvolles Stöhnen und das rhythmische Klatschen von Haut auf Haut. Diskret huschen wir weiter, während andere sich genau dort hineindrängen. Der Mann mit der weißen Larve trägt statt Krawatte jetzt ein stabiles Seil um den Hals, und seine Bikini-Schönheit zieht ihn in einen der herrschaftlichen Säle. Sprachlos bleibe ich im Eingang stehen. Im Halbdunkel finden die Maskierten zusammen, lieben sich in einer freien, wilden Choreografie, die dezente Musik untermalt das erregte Seufzen und Keuchen. Doch bei genauerem Hinsehen löst sich das Bild in einzelne Szenen auf. Ein Paar bewegt sich als Schattenspiel hinter einem Paravent, er kniet zwischen ihren weit gespreizten Beinen, sie biegt den Kopf zurück, die Silhouette seines Schwanzes ragt kurz steil empor, bevor er in sie eindringt. Ein indischer Maharadscha kniet auf einem Bänkchen vor seiner Tempeltänzerin, die sich lasziv auf einem gynäkologischen Stuhl räkelt. Sein Zungenspiel scheint virtuos zu sein. Sie stöhnt erst verhalten, dann lauter, ab und an von kleinen Lustschreien unterbrochen. Thomas gibt mir einen sanften Schubs, so dass ich die Schwelle zum Saal überschreite, vor der ich unwillkürlich verharrt habe. Wir gesellen uns zu den Zuschauern, die an der Wand lehnen, um das Treiben zu beobachten. Das Paar neben mir tauscht verliebte Blicke aus, bevor sie ihren Rock nach oben schiebt, den Po dichter an den Körper ihres Liebsten drängt, und er seine Finger zwischen Haut und Stoff schiebt. Es ist ein aufregendes Gefühl, Voyeur zu sein. Auch die Augen von Thomas glänzen, seine Grübchen sind doppelt so tief und sein Grinsen viel breiter als sonst. Diese eindeutigen Bilder machen an, und wenn wir uns nicht mitreißen lassen möchten, dann wird es jetzt Zeit für eine Pause. Leise schlage ich einen

Wechsel in die Bar vor. Dort lassen wir uns kalten Champagner servieren. Der Mann am Klavier spielt *When the wild roses grow*, und wir träumen beide vor uns hin.

An der Theke stehen ein Mann und eine Frau eng beisammen, die Rollen sind klar verteilt, Lederhose, schwarzes Hemd und Ledermaske kennzeichnen ihn als ihren Herren. Ein dunkelrotes Samtcape, ein breites Metallhalsband und hohe Lackpumps sind ihre einzige Bekleidung. Streng blickt er ihr in die Augen und befestigt eine Leine an der Öse ihres Halsbandes. »Ab in die Hölle«, flüstert sie mir ahnungsvoll zu, lässt sich aber bereitwillig davonziehen. »Lass uns den beiden folgen«, schlägt Thomas vor. »Im Verlies war ich noch nicht.«

Die junge Sklavin liegt auf der Streckbank, ihre helle Haut leuchtet verführerisch im Halbdunklen, an den Füßen trägt sie noch die Pumps. Das Cape dient als Unterlage, ihr nackter Körper ist schutzlos den Blicken der Zuschauer preisgegeben, die sich in diskretem Abstand aufgestellt haben. Sie genießt es, ausgeliefert zu sein, ihr glücklicher, beinahe entrückter Gesichtsausdruck lässt keinen Zweifel daran. Mit den Riemen einer Peitsche streichelt er zärtlich ihre schmale Taille, streift wie zufällig die Innenseiten ihrer Schenkel. Dann lässt er die Riemen kreisen und durch die Luft sausen, mit einem satten, schnalzenden Geräusch treffen sie auf den Venushügel. Sie ballt die Fäuste, ihre schwarz lackierten Fingernägel graben sich kurz in die Handballen, ihre roten Lippen öffnen sich leicht. Das Publikum verhält sich leise, fast andächtig, liturgische Gesänge verstärken die feierliche Stimmung.

Bevor die private Inszenierung der beiden zu Ende ist, verlassen wir den Gewölbekeller und steigen die Treppe hinauf ins große Renaissancezimmer. Erschöpft lasse ich mich auf einem der Sofas nieder – so viele Eindrücke, die ich festhalten möchte. Thomas fragt, ob er mich kurz allein lassen kann. Während ich ihm nachsehe, fällt mir ein Maskierter auf, seine goldene Maske passt perfekt zu seinem Hautton. Ich kann kaum den Blick von ihm wenden, so fasziniert er mich. Da nähert er sich mir.

Nur in Deutschland kann man so frei lieben. Die Amerikaner sind zu prüde für so ein amouröses Vergnügen, die Engländer trinken viel zu viel, und in Asien gibt es nichts Vergleichbares.

Habe ich ihn zu lange betrachtet und damit ein Zeichen ausgesandt? Er fasst galant nach meiner Hand und küsst sie. Meine Nackenhaare stellen sich angenehm auf. Abwartend steht er da, bis ich eine einladende Geste mache, er setze sich nah zu mir.

»Darf ich Sie lieben?«, flüstert er mir ins Ohr: Neugierig wende ich mich ihm zu, haselnussbraune Augen blicken mich freundlich an: »Ich versuche bei jeder Nacht der Masken dabei zu sein, egal wo ich mich gerade aufhalte. Diesmal bin ich aus New York hergeflogen. Nur in Deutschland kann man so frei lieben. Die Amerikaner sind zu prüde für so ein amouröses Vergnügen, die Engländer trinken viel zu viel, und in Asien gibt es nichts Vergleichbares.« Dabei streichelt er mit seiner Hand meinen Arm hinauf, und ich vermeide es, ihm in die Augen zu sehen, während er mit dem Finger die Linie meines Halses nachfährt. Ich weiß nicht, wohin das führen soll, und hoffe, dass Thomas gleich wieder auftauchen wird. Stattdessen steht eine schlanke Frau vor mir, ich habe sie mit dem Goldmaskierten beim Essen gesehen. Lächelnd blickt sie zu mir herunter und legt mir ihre kostbare Stola wie einen Schleier über das Gesicht. Der Mann mit der Goldmaske streift mir den Mantel von den Schultern. Sie setzt sich auf meine andere Seite, nimmt meine Hand und führt sie zu ihren Lippen. Der Schleier, so zart und leicht, fast gewichtslos, hebt und senkt sich vom heißen Atem. Ich halte still, spüre ihren beschleunigten Herzschlag im Gleichklang mit meinem. »Deine Korsage sitzt viel zu locker. Darf ich sie dir enger schnüren?« Wortlos drehe ich ihr den Rücken zu. Sie löst erst die Bänder, um sie dann doppelt so fest zuzuziehen. Ich bekomme kaum noch Luft, auch weil der Fremde seine Hand auf meinen nun ansprechend präsentierten Busen legt. Thomas, beobachtet er uns vielleicht schon und fragt sich, ob ich meinem Vorsatz, nur zu beobachten, untreu werde? Vorsichtig hebe ich den Schleier und sehe dem Goldmaskierten direkt in die verheißungsvollen Augen. Ich will mich diesem einfühlsamen Spiel des unbekannten Paares nicht abrupt entziehen, aber es doch beenden. Mit einem bedauernden Lächeln sage ich: »Sorry, ich suche keinen Sex mit Fremden.« Jetzt blicken seine Augen verständnislos. Oh verdammt, da hätte mir wirklich etwas Charmanteres einfallen können. Hilfe suchend blicke ich zur Tür, da steht Thomas und lächelt. Ich bin sehr froh, ihn zu sehen. Langsam stehe ich auf, lege der Schönen die Stola wieder um die Schultern, beuge mich kurz zu ihr und hauche ihr einen Kuss auf die Lippen.

»Na, genug gesehen?«, Thomas' Stimme ist weich und dunkel. »Lass uns aufs Zimmer gehen.« Das wollte ich auch gerade vorschlagen.

DIE INTERVIEWS

CLAUDIUS

Das ist meine Rolle: Ich bin Nick Nightingale, der Freund von Bill Harford aus dem Film ›Eyes Wide Shut‹.

Er ist die perfekte Besetzung für den Mann am Klavier. Groß, blond, Anfang dreißig, gut aussehend. Er begleitet den Auftritt der phantasievoll gekleideten und maskierten Gesellschaft mit Klängen von Billy Joel. Mit blauen Augen und smartem Lächeln blickt er ab und zu von den schwarzweißen Tasten auf und sucht die Augen in den verhüllten Gesichtern. Als sich unsere Blicke treffen, ist mir sofort klar, dass ich mit ihm sprechen möchte. In einer seiner Spielpausen treffe ich ihn in der in dezentes Licht getauchten Bar.

Mit einem Glas Whisky in der Hand in einem Sessel sitzen, eine exzellente Cohiba-Zigarre rauchen und sich nett unterhalten, das kannst du in jeder guten Lounge. Aber das, was ich zu sehen bekomme, das gibt es in so ungezwungenem Rahmen nur hier. Das ist der ganz besondere Reiz an diesem Engagement. Wenn ich in meinem beruflichen Umfeld, ich bin Rechtsanwalt, ein paar Tage freinehme, um hierherzukommen, erzähle ich die halbe Wahrheit. Meist sage ich, dass ich auf einem Schloss bei einer sehr eleganten Veranstaltung Klavier spiele. Wenn der eine oder andere Kollege Näheres wissen möchte, frage ich einfach: »Kennst du *Eyes Wide Shut*?« Die meisten antworten: »Ja, klar.«

»So ähnlich ist es dort – und ich, ich bin der Mann am Klavier.« Genau das ist meine Rolle, ich bin Nick Nightingale, der Freund von Bill Harford aus dem Film *Eyes Wide Shut* oder Nachtigall, der Pianist aus Schnitzlers *Traumnovelle*. Ich habe sowohl die *Traumnovelle* als auch den Film erst gelesen beziehungsweise gesehen, nachdem ich schon über ein Jahr hier Klavier gespielt hatte. Aber ich dachte sofort: In der Tat, das ist genau mein Job. Nur dass mir nicht die Augen verbunden werden, ich darf zuschauen. Aber ansonsten ist die Parallele verblüffend, und ich genieße das sehr. Wobei Schnitzler das Treffen viel geheimnisumwobener dargestellt hat als Stanley Kubrick. In seiner Novelle sind die geladenen Gäste Mitglieder eines Geheimzirkels. In gewissem Sinne trifft das auch auf die Gäste der Nacht der Masken zu, das zeigen schon die Eingangskontrollen und das Prozedere, wie man überhaupt an Karten kommt. Auch hier trifft sich eine geschlossene Gesellschaft. Dass man sich für dieses Event nicht noch schnell an der Abendkasse eine Karte kaufen kann, trägt, genau wie das Ambiente, zum exklusiven Ruf dieser Veranstaltung bei. Es ist ein Abend, auf den man sich lange vorbereitet. Dem Besuch geht eine bewusste Entscheidung voraus, so kommt der elitäre Kreis zustande.

Ich weiß nicht, was für eine Musik Nachtigall gespielt hat, ich habe mich für stilvolle Barmusik entschieden. Genau wie dieser fiktive Pianist bin ich durch Zufall in den Zirkel geraten. Meine Exfrau ist gut mit den Veranstaltern Jaqueline und René befreundet. Wir waren bei ihnen privat zum Essen eingeladen. Nach dem Essen habe ich mich ans Klavier im Wohnzimmer gesetzt und gespielt. Sie waren sehr angetan und meinten, sie bräuchten noch einen Pianisten für ihre stilvollen Partys, ›Maskenbälle‹ nannten sie diese. Ohne weiter nachzufragen, habe ich gesagt: »Wenn ihr einen Pianisten braucht, dann bin ich euer Mann.« Das war 2003. Meine damalige Frau wusste wohl etwas mehr darüber, aber ich hatte keinen Schimmer. Als Jaqueline mir dann verraten hat, was sich hinter dem harmlosen Begriff ›Maskenball‹ verbirgt, war ich schon ziemlich aufgeregt. Ich war gerade Mitte zwanzig und hatte bis dahin keine Berührungspunkte zu der BDSM- oder Fetischszene. Für diejenigen, denen es so geht wie mir damals, eine kleine Erklärung des Begriffes BDSM. Es ist die englische Abkürzung für sexuelle Spielarten, die man früher einfach als Sadomasochismus bezeichnet hat: BD steht für ›Bondage and Discipline‹ – Fesslung und Disziplin. DS für ›Dominance and Submission‹, Dominanz und Unterwerfung. SM für ›Sadism and Masochism‹ – die Lust am Zufügen oder Empfangen von Schmerzen. Ich versuchte als Musiker eine professionelle Haltung einzunehmen und sagte: »Ich gehe dahin, mache mei-

»An der Nacht der Masken liebe ich die dezente Hintergrundmusik, das Stilvolle, den beinahe förmlichen Ablauf und dass die Masken nicht vor Mitternacht fallen.« CLAUDIUS

nen Job, und das war es.« Da sich Jaqueline meinen Auftritt stilvoll wünschte, habe ich mich für einen Smoking entschieden und mir eine Maske mit aufgedruckten Klaviernoten gekauft, die ich heute noch trage. Bei der ersten Veranstaltung saß ich verschüchtert am Klavier und beobachtete mit großen Augen, wie die maskierten Gäste mir eine Vorstellung gaben. Sie flirteten, streichelten, küssten und liebten sich so, als ob sie in ihren privaten Schlafzimmern wären und nicht in der Bar eines Schlosshotels. So etwas hatte ich noch nie gesehen. Seitdem bin ich regelmäßig zwei bis drei Mal im Jahr dabei und spiele Klavier. Bin ich zum ersten Abend noch als reiner Dienstleister erschienen, komme ich seitdem auch aus eigener Überzeugung. Da viele Gäste regelmäßig kommen, habe ich schnell einige Besucher näher kennengelernt, und das Team natürlich, das die Partys ausrichtet. Es gibt einen konstanten Kern an Personen, mit denen ich nun seit Jahren gut befreundet bin, und ich freue mich immer, sie wiederzutreffen. Beim Aufbau erzählen wir uns, was jeder die vergangenen Monate über gemacht hat.

Bei der Nacht der Masken spiele ich in der Bar, bei der Nacht der Leidenschaft bin ich Gast. Wenn alles vorbei ist, beteilige ich mich auch am Abbau, das ist ein schönes Gesamtpaket, das sich für mich über drei bis vier Tage erstreckt. Anfangs war ich bei der Nacht der Leidenschaft nicht dabei, aber nach einer Weile hat sie mich interessiert und ich fragte Jacqueline, ob ich eine Nacht länger bleiben könnte. Das war überhaupt kein Problem. Ich schätze beide Veranstaltungen: An der Nacht der Masken liebe ich die dezente Hintergrundmusik, das Stilvolle, den beinahe förmlichen Ablauf und dass die Masken nicht vor Mitternacht fallen. Die Nacht der Leidenschaft ist lockerer, es sind wesentlich mehr Leute da, es geht ausgelassener und wilder zu. Egal für welche Party man sich entscheidet: Man genießt einfach einen großen Freiraum, innerhalb dessen man sich ausleben kann.

CLAUDIUS

»Sie war eine Erscheinung. Nicht ihre Nacktheit war das Faszinierende, nackte Frauen sind hier nichts Ungewöhnliches, es war die Kombination aus Optik und Gestus.«

Seit zwei Jahren habe ich eine neue Freundin, sie ist sechsundzwanzig. Ich habe ihr von der Party genauso erzählt, wie sie mir angetragen wurde, ihr also zunächst nur verraten, dass es ein Maskenball mit eleganter Kleidung sei und dass ich dort Klavier spielen würde. Den Rest werde sie dann schon sehen. Zum Glück hat sie nicht sofort kehrtgemacht, als sie gesehen hat, was ich mit ›der Rest‹ gemeint habe, sondern war begeistert. Seitdem besuchen wir die Partys zusammen – das ist die perfekte Symbiose zwischen Arbeit und phantasievoller Lebensgestaltung im weitesten Sinne. Wenn ich Klavier spiele und sie dabei ist, weiß sie, dass ich letztendlich nur für sie spiele. Das gibt meinem Spiel eine erotische Komponente. Sie liebt das und himmelt mich an. In diesem Gesamtgefüge schätze ich meine Position als ›Mann am Klavier‹ sehr, weil ich einerseits Dienstleister bin, aber andererseits auch aktiv partizipiere. Ich genieße es, am Rand des Geschehens – aber nicht außerhalb – zu sein, den Leuten einen schönen Klangteppich zu bieten, der sie vor dem Essen auf das Kommende einstimmt und danach in Lounge-Atmosphäre den Abend genießen lässt. Teilweise werde ich auch mit in das Geschehen eingebunden. Vor drei Jahren saßen zwei Mädels gegenüber dem Klavier.

Die eine in einem langen, weißen Hermelinmantel, darunter hatte sie fast nichts an, dafür trug sie wunderschöne High Heels. Die andere, ebenfalls sehr gut aussehend, war eher klein und niedlich. Sie schauten mich die ganze Zeit an. Während ich Klavier spiele, lasse ich natürlich meine Blicke auch gern über die Gäste schweifen und merke, wenn ich stark fokussiert werde. Irgendwann kam dann die Frau im Hermelin zu mir herüber und sprach mich an: »Sicher ist dir aufgefallen, dass meine Freundin und ich dich die ganze Zeit beobachten.« »Durchaus, was gibt es denn?« »Zu deinem schönen Klavierspiel habe ich eine Phantasie im Kopf.« »Erzähl doch mal«, forderte ich sie auf, während ich die Finger weiter über die Tasten gleiten ließ. »Die anderen Menschen musst du dir für einen Moment wegdenken. Nur wir beide sind hier, und du sitzt an einem Flügel. Während du für mich Ave Maria spielst, darf ich dir einen blasen.«

Diese Geschichte ist mir in Erinnerung geblieben, denn das sind die Momente, die der Party ihren besonderen Charakter geben. In die Phantasie einer solchen Göttin eingebunden zu werden, war ein sehr sinnliches Erlebnis. Sie war eine Erscheinung. Nicht ihre Nacktheit war das Faszinierende, nackte Frauen sind hier nichts Ungewöhnliches, es war die Kombination aus Optik und Gestus: Da steckten Stil und Eleganz dahinter.

Nicht jede Avance erfolgt so stilvoll und zurückhaltend. Es gibt vereinzelt Damen oder auch Herren, die meinen, dass ich als Pianist zum Inventar gehöre und benutzt werden darf wie alles andere. Das weise ich sehr freundlich, aber bestimmt zurück. Ich kann damit ganz gut umgehen, meine Auftritte hier sind eben mehr als eine normale Dienstleistung. Jede Veranstaltung ist anders, es gibt Partys, die sehr ruhig sind, bei der vorletzten zum Beispiel ging es ausgesprochen gesittet zu. Und dann gibt es Partys, da wird in der Bar bis morgens um sechs gefeiert und ich habe kaum Gelegenheit, eine Pause zu machen, weil die Leute mich immer wieder bitten weiterzuspielen. Natürlich tragen sie auch Musikwünsche an mich heran. Dankenswerterweise habe ich das Talent, aus drei Takten, die mir jemand vorsingt oder summt, das gewünschte Lied zu erkennen. Und alles, was ich kenne, kann ich auch spielen. So erfülle ich im Lauf des Abends viele Musikwünsche, jedoch immer abhängig davon, wie diese an mich herangetragen werden. Diese kleine ›Machtkomponente‹ erhöht den Reiz des Ganzen ungemein.

Interessant finde ich, dass es Partys gibt, bei denen ich den Altersdurchschnitt zwischen vierzig und fünfzig ansiedeln würde, und andere, bei denen viele Gäste dreißig bis Mitte vierzig sind. Ausreißer nach unten gibt es eigentlich immer, das Mädchen im weißen Hermelin war höchstens zweiund-

»... ich lerne hier Spielarten kennen, von denen ich vorher nicht einmal geträumt habe, ganz einfach deshalb, weil ich nicht wusste, dass es sie gibt.«

CLAUDIUS

zwanzig, der Freund dazu wiederum deutlich älter. Und so wie es Ausreißer nach unten gibt, gibt es auch welche nach oben. Bei meiner ersten Nacht der Masken war ein Ehepaar zu Gast, beide weit über siebzig. Sie hat ihren Mann als Sklaven an einer Kette durch den Raum geführt, das Ende der Kette war an seinem besten Stück befestigt. Den Rest des Abends über saß er in einem der Vogelkäfige, von ihr zur Be- und Misshandlung freigegeben. Das sind Bilder, die sich im Kopf festbrennen, die einen auch zum Nachdenken bringen. Meine Güte, die waren älter als meine Großeltern. Mittlerweile kann mich nichts mehr schocken, aber damals ganz am Anfang war ich überhaupt nicht auf solche Szenen vorbereitet. Genau diese Vielfalt ist es, die den besonderen Reiz der Veranstaltung ausmacht, die Vielfalt der Gäste, ihrer Neigungen, aber auch die Gespräche, die zustande kommen.

Die Unterhaltungen drehen sich keineswegs nur um die Party, Fetisch und BDSM, wie man vielleicht denken könnte. Gestern habe ich mich sehr lange mit einem Arzt über medizinische Fragen unterhalten, oder ich treffe Kollegen, mit denen ich fachsimple. Es ist faszinierend zu erleben, dass in den Menschen, denen man begegnet, so viel mehr verborgen ist, als man vermutet. Würde man sie an einem anderen Ort, in einem anderen Umfeld kennenlernen, würde man das nie mitbekommen. Hier können die Leute einfach ihre gesellschaftliche Maske fallen lassen, sie tauschen sie gegen eine Gesichtsmaske ein und gewinnen die Freiheit, eine Nacht lang sie selbst zu sein. Ich finde Leute langweilig, die privat genauso sind wie beruflich. Man muss sich immer seine Geheimnisse bewahren und eine Facette mehr zu bieten haben, als der andere glaubt, dass man hat. Hier treffen sich Menschen, die sich über die schönste Sache der Welt, ihre Sexualität, mehr Gedanken machen als andere. Die ihre Sexualität nicht hormongesteuert nebenbei laufen lassen, sondern Erotik wirklich bewusst erleben und inszenieren. Die Facetten sind zahllos, angefangen von den unterschiedlichen Machtgefällen über das Ausprobieren verschiedenster Spielarten bis hin zur Fokussierung auf einen bestimmten Fetisch. Das zu sehen, ist sehr, sehr spannend, und ich bin immer wieder erstaunt und begeistert, wie vielfältig die menschliche Sexualität ist.

Für meine Sexualität spielen Art und Material der Kleidung keine entscheidende Rolle, Lack und Leder reizen mich nicht – umso anregender ist für mich die Frage nach unterschiedlichen Machtverhältnissen, mit denen auch eine intellektuelle Herausforderung einhergeht. Ich bin mit meiner Partnerin im Alltag wirklich auf Augenhöhe, das Ausloten der Grenzen bringt ein ganz eigenes Prickeln mit sich. Ja, das fasziniert mich. Eine gute Partnerschaft, eigentlich das ganze soziale Leben, basiert darauf, dass man sich zwar auf Augenhöhe begegnet, dann aber immer wieder die Machtgrenzen neu definiert und austestet. Dieses Spiel mit den Machtverhältnissen kann ganz unterschiedliche Formen annehmen. Bondage- und Züchtigungsszenarien finde ich beispielsweise sehr anregend, nicht nur theoretisch, ich habe das auf den Partys teilweise auch ausgelebt.

Ansonsten hat das, was ich hier sehe, keinen konkreten Einfluss darauf, wie sich meine eigenen Vorlieben weiterentwickeln. Ich bekomme aber vielerlei Anregungen, und es erweitert mein Wissen darüber, was alles möglich ist. Einiges davon hat mich vollkommen fasziniert, bei anderem kann ich nur sagen, dass das nichts für mich ist. Ich habe mich beispielsweise mit einem Herrn unterhalten, der schon weit über vierzig war und eine junge Freundin dabei hatte. Wir sprachen über solche Themen wie Fremdgehen, Swingen und Gruppensex. Da sagte er plötzlich: »Mit meiner Freundin kann jeder vögeln, das ist mir gleich. Sie darf mit jedem machen, was sie möchte – und zwar alles.« Das würde ihn überhaupt nicht stören, denn er wisse, dass er der beste Mann für sie sei und dass sie nur ihn liebe. Es würde ihm sogar ein Gefühl der Genugtuung verschaffen, wenn Männer dann zwar mit seiner Freundin, die wirklich bildhübsch war, hier auf der Party Spaß haben, sie aber am Ende bei ihm wieder abgeben müssen.

Das sind so Dinge, wo ich andere Ansichten habe, die sich auch nicht durch die Besuche hier verändern. Aber ich lerne hier Spielarten kennen, von denen ich vorher nicht einmal geträumt habe, ganz einfach deshalb, weil ich nicht wusste, dass es sie gibt. Zum Beispiel wird die Bar genauso zum Playbereich gemacht wie die speziellen Playrooms. Die Paare vergnügen sich direkt neben dem Klavier, teilweise würden sie es auch gern auf dem Klavier tun, das habe ich aber zum Sperrbereich erklärt. Ich habe eine Reitgerte auf dem Klavier liegen, um den Leuten auf die Finger zu hauen, wenn sie diese

Bannmeile überschreiten. Das sage ich jetzt im Scherz, im Grunde genommen finde ich diese spontanen Sachen am allerschönsten. Wenn man in einen Playroom geht oder sich in ein Hotelzimmer zurückzieht, dann geht da die bewusste Entscheidung voraus, dass man jetzt was machen wird. In der Bar dagegen entwickeln sich die spontanen Sachen. Es kann sein, dass zwei Mädels anfangen, miteinander rumzuknutschen, ihre Freunde sitzen daneben und erfreuen sich an dem Anblick, oder dass plötzlich einer der Gäste zu seiner Partnerin sagt: »So, du bist jetzt eine Stunde lang Sklavin und jedem zu Diensten.«

Andere Gäste kommen aus den Playrooms zurück, um sich von anstrengenden Spielen zu erholen, um sich zu unterhalten, zu rauchen oder einfach nur, um etwas zu trinken. In der Bar ist immer was los, hier vermischen sich Partystimmung, Entspannung und spontaner Sex zu einer ganz eigenen Atmosphäre. Dieses Ambiente kann man sich in keinem noch so luxuriösen Etablissement kaufen. In den hochpreisigen Segmenten gibt es sicher einiges, aber dann sind alle anwesenden Frauen Professionelle, was automatisch eine ganz andere Atmosphäre mit sich bringt. Hier ist es ungezwungen, die Leute können sich so benehmen, wie sie wollen, und jeder weiß das. Es nimmt niemand Anstoß daran, wenn ich meiner Sklavin vor aller Augen den Hintern verhaue, und es stört auch den Nachbarn an der Bar nicht, wenn ich mir direkt neben ihm von meiner Freundin einen blasen lasse.

Andere brauchen das ›Publikum‹ geradezu, zelebrieren ihre Sexualität ganz bewusst in der Öffentlichkeit. Es ist eine ungemein angenehme Atmosphäre, geprägt von Selbstverständlichkeit, Natürlichkeit und dem großen Respekt, den die Gäste voreinander haben. Keiner würde aufdringlich gaffen, auch wenn man beobachtet und genießt, aber da gibt es durchaus Nuancen.

»Ich glaube, hier wird genau das gelebt, was sich viele Menschen insgeheim wünschen, aber sich nie zu formulieren oder gar in die Tat umzusetzen trauen.«

CLAUDIUS

Es wird hier nie passieren, dass jemand eine fremde Frau belästigt oder gar gegen ihren Willen betatscht. Das ist das Paradoxe: Hier sind viele Frauen halb nackt, und doch sind sie geschützter als abends in einem Club in der Innenstadt einer Großstadt. Dumme Anmachen gibt es hier einfach nicht, das ist eine Frage des gegenseitigen Respekts und auch eine des Niveaus. Beides ist hier sehr stark ausgeprägt. Die Gäste hier haben das Motto ›Alles kann, nichts muss‹ wirklich verinnerlicht und kultiviert. Jeder weiß aber auch, dass er freundlich fragen kann: »Hast du was dagegen, wenn meine Freundin mit deiner Freundin was anstellt?« Oder: »Wollen wir nicht was zu viert machen?« Niemand würde auf die Idee kommen, sich ungefragt oder gegen den Willen eines anderen in ein Spiel einzuklinken. So etwas habe ich in mittlerweile sieben Jahren und vielen, vielen Partys noch nie erlebt.

Es kann passieren, dass zehn Menschen sich in einem Raum zusammenfinden und sich gegenseitig berühren und streicheln. Ungefragt kann da niemand mitmachen. Durch ein aufforderndes Zunicken oder eine Handbewegung wird man wortlos eingeladen – oder eben nicht. Und jeder akzeptiert das. Ich erlebe und sehe Dinge, von denen meine Altersgruppe meist nur träumt. Ich glaube, hier wird genau das gelebt, was sich viele Menschen insgeheim wünschen, aber sich nie zu formulieren oder gar in die Tat umzusetzen trauen – und deshalb sogar Vorbehalte dagegen entwickeln. Für mich hingegen ist dieser ungezwungene Charakter der Veranstaltung ein großer Wert, der mein Leben insgesamt bereichert. Der unbedarfte Mensch stellt sich sicher vor, dass auf einem Schloss der Lust alles ungefragt möglich sei, aber das stimmt nicht, und wenn Menschen so darüber denken, dann tut mir das sehr leid.

Prinzipiell sind nur Pärchen zugelassen, das finde ich gut. Ich will keinem Einzelnen etwas unterstellen, aber die Gefahr ist groß, dass ein Mann, der eine völlig falsche Vorstellung von dem hier hat, denkt: Toll, dort sollen viele nackte Frauen sein, da gehe ich hin, es wird sich schon was ergeben. Auf dem Schloss, auf dem wir gerade sind, ist das Servicepersonal sehr tolerant, das sind ganz großartige Menschen, hochprofessionell in ihrem Job und sehr nett. Die gehen mit dem erotischen Aspekt der Party locker um. Das ist für die Gäste angenehm. Das war nicht auf jedem Schloss so, aber hier gibt es keine entgeisterten Blicke beim Bedienen, keine Tuscheleien hinter vorgehaltener Hand. Ein Teil des Personals hier findet toll, was passiert, andere sehen es professionell und bedienen jeden freundlich, und manche sagen auch einfach: Sollen sie halt machen.

Da fällt mir eine süße Geschichte ein, die sich auf der Nacht der Leidenschaft zugetragen hat. Ein Koch hat sich bei einer Sklavenauktion, die dort immer um Mitternacht stattfindet, versteigern lassen. Diese Sklavenauktionen sind sehr spannend, jeder kann dort seinen Partner oder seine Partnerin für verschiedene Dienste anbieten, die Gäste bieten mit Spielgeld. Die Sklavenbesitzer werden gefragt, für was die Sklaven denn zur Verfügung stehen, aber der Koch hatte ja keine Herrin. Also antwortete er: »Ich mache alles.« Das ist eine sehr gefährliche Zusage, wenn man vor einem Raum voller Menschen mit den vielfältigsten abgründigen Neigungen steht. Ein Raunen ging durch die Zuschauer, aber dann kam der Nachsatz: »Aber bitte nichts Perverses.« Das Publikum im Saal fing an zu lachen, und der junge Koch ist dann von drei Mädels ersteigert worden, die ihm eine Nacht bereitet haben, die er wohl bis ins hohe Alter nicht vergessen wird. Ich habe ihn am nächsten Tag beim Frühstück getroffen. Er war zwar übernächtigt, aber sehr zufrieden. Manchmal springt der Funke eben einfach über. Ein weiterer Beleg für das tolle Flair hier.

Mir ist es ja ganz ähnlich gegangen: Meine rein professionelle Haltung, dass es doch egal ist, ob ich nun hier spiele oder in einer Cocktailbar, in der

Lobby eines Hotels oder auf einer Konzertbühne, habe ich rasch aufgegeben. Längst sind die Tage hier mehr für mich als einfach nur ›ein Auftritt‹. Auch ich bin schon auf der Sklavenauktion versteigert worden. Meine damalige Frau bot an, dass ich eine halbe Stunde Füße massieren würde. Eine junge Münchner Rechtsanwaltskollegin hat mich ersteigert. Während ich ihr die Füße massierte, unterhielten wir uns über fachliche Dinge, es war großartig. Sie war auch sehr zufrieden und fand es wunderbar, dass Pianistenhände auch für so etwas zu gebrauchen sind.

Hier zu sein, ist ein toller Kurzurlaub, auch für den Kopf. Man kommt danach sehr entspannt nach Hause, das geht nicht nur mir, sondern auch anderen Gästen so. Ich weiß das aus vielen Gesprächen mit Gästen beim Klavierspiel oder an der Bar, und viele berichten, dass ein Wochenende hier einen wesentlich höheren Erholungsfaktor hat als eine Woche Urlaub woanders. Die Klientel, die hier überwiegend zu Gast ist, arbeitet in der Regel hart und viel. Ärzte, Rechtsanwälte und Medienleute sind wohl überproportional vertreten. Ich habe mir schon überlegt, warum das so ist, bin aber zu keinem abschließenden Ergebnis gekommen. Hier sind sehr viele kreative Kopfmenschen, die alle die wenige Freizeit, die sie haben, ganz intensiv nutzen. Das sind Genussmenschen rundum, so wie ich auch. Ich habe beruflich wahnsinnig viel zu tun, und die wenige Freizeit, die ich habe, verbringe ich sehr bewusst. Dazu gehören gutes Essen und guter Wein, eine gemeinsame Freizeitgestaltung mit meiner Freundin, Sport, Theater, Oper und diese Partys. Wenn ich mit Klavier spielen fertig bin, nutzen meine Freundin und ich die anregende Stimmung, mal gehe ich nur durch die Räume, um beim Zusehen zu genießen, mal haben wir selber unseren Spaß. Die Bar ist der Ort für Kontakte, die Menschen sitzen zusammen, trinken was, unterhalten sich, finden sich sympathisch. Oftmals finden sich sehr ähnliche Pärchen, die dieselben Interessen haben.

Für diese Kontaktbörse ist das Klavierspiel sehr wichtig. Gestern bin ich erst wieder gefragt worden, wonach ich aussuche, was ich für Musik spiele, wie ich sie spiele und warum ich sie spiele. Die Antwort ist ganz einfach: Ich spiele so, dass die Menschen, die sich nicht für die Musik interessieren, sie als angenehmen Klangteppich empfinden – mein Spiel aber dennoch so anspruchsvoll ist, dass auch der interessierte Zuhörer befriedigt wird. Das ist mir selbst sehr wichtig, ich bin ein akustischer Mensch, ich höre aktiv zu. Für mich gibt es keine Hintergrundmusik, die könnte tatsächlich auch vom Band kommen. Ich habe einen hohen künstlerischen Anspruch an mich. Viele Menschen merken gar nicht, wie ich mithilfe der Musik die Stimmung be-

»Da stand eine groß gewachsene Blondine an der Bar und hatte einen Hauch von Nichts an, dazu ein Taillenkorsett, sie sah umwerfend aus.« CLAUDIUS

einflusse. Es war gestern wohl ein langer Stau auf der Autobahn, viele Gäste kamen deshalb sehr spät. Normalerweise spiele ich in der gut gefüllten Bar von halb acht bis halb neun. Aber gestern waren anfangs gerade mal zehn Paare da. Wenn ich nun die klassische Bar-, Cocktail-, Hotellobby-, Pianomusik gespielt hätte, hätte dies eher für gelangweilte Mienen gesorgt. Stattdessen habe ich coolen Jazz gespielt, um die Leute in die richtige Stimmung zu bringen. So baue ich eine Atmosphäre auf, die mir für die jeweilige Situation passend erscheint. Am Anfang versuche ich, neuen Gästen mit meiner Musik zu helfen, hier zunächst einmal anzukommen. Wenn die ersten Gespräche aufgenommen werden, dann beginnt der Abend zu leben, das ist immer ein ganz toller Effekt. Sobald die Stimmung gut ist, werden auch die Neuen sofort mitgerissen und mitgenommen. Wenn man die Veranstaltung zum ersten Mal erlebt, ist das ein überwältigender Eindruck.

Nach dem Essen spiele ich zwischen zwei und fünf Stunden. Es ist schon vorgekommen, dass ich morgens um sechs als letzter Teilnehmer das Klavier zugemacht habe. Je nachdem wie die Party läuft, wähle ich den Musikstil. Ich erspüre die Befindlichkeiten der Gäste, ob sie es ruhiger und leiser oder wilder wünschen. So kann ich sehr viel zum Gelingen des Abends beitragen, das ist eine Interaktion, die unbewusst stattfindet. Auch wenn man selber nichts macht, ist man optisch doch gewaltigen Reizen ausgesetzt – man kann sich das nicht vorstellen, wenn man nicht selbst dabei war.

Man kann hier so viele Facetten erleben, immer wieder werde ich neu überrascht. Beim letzten Mal saß ein Pärchen in der Bar, das wohl seine erste Nacht der Masken feierte, denn die beiden schauten noch recht schüchtern drein. Da kam ein Mann allein in die Bar, er war nass geschwitzt und ächzte, er bräuchte jetzt sofort was zu trinken, er habe einen ganzen Satz Rohrstöcke an seiner Freundin kaputt geschlagen. Die würde jetzt noch am Pranger stehen und jammern. Ich weiß zufällig, dass der Level der Frau bei der körperlichen Züchtigung sehr hoch liegt und sie mindestens genauso viel Vergnügen daraus gezogen haben wird wie er. Aber ich fragte mich, was die zwei Neuen jetzt wohl für einen Eindruck von der Veranstaltung haben. Später habe ich mich mit ihnen unterhalten, und siehe da: Sie waren total begeistert. Sie haben mir erklärt, sie wüssten selber noch nicht, wohin sie tendieren würden, aber diese Mischung aus Schweiß und Brutalität hätte sie total fasziniert. Jedem das seine, aber das sind Dinge im Grenzbereich.

Mir gefällt die freie Form der Sexualität, die weniger extrem ist, besser. Ich erfreue mich lieber an den schönen und selbstbewussten Frauen, die hier sind. Als heterosexueller Mann kann ich jetzt nur über die Frauen reden, und davon sehe ich hier einfach viele wunderhübsche. Gestern auch wieder. Da stand eine groß gewachsene Blondine an der Bar und hatte einen Hauch von Nichts an, dazu ein Taillenkorsett, sie sah umwerfend aus. Schönheit liegt immer im Auge des Betrachters und ist natürlich subjektiv, aber dadurch, dass über alle Altersklassen und Schönheitsideale hinweg die Gäste sehr selbstbewusst und aufmerksam mit sich selber umgehen, tragen sie eine innere Schönheit mit sich.

Natürlich haben viele der Besucher, gemessen an einer abstrakten Norm, einen zu dicken Hintern oder zu viel Bauch, aber es tut ihrer Anziehungskraft keinen Abbruch. Jeder gibt sich viel Mühe, sich möglichst schön zu präsentieren, und bereitet sich lange vor. Die Kostüme, die hier teilweise getragen werden, sind phantastisch. Die Gedanken, die sich die Leute machen, und die viele Mühe, die sie aufwenden, werten jeden einzelnen Menschen und Körper auf. Angesichts dessen, was man hier zu sehen bekommt, löst sich das standardisierte Schönheitsideal geradezu auf – es wird völlig nebensächlich.

Verblüffend finde ich immer wieder, dass ich manch wunderhübsche Frau, von der ich noch am Abend den Blick kaum lassen konnte, am anderen Morgen beim Frühstück kaum wiedererkenne. In ihre zivile Rolle zurückgefallen sind sie oft völlig unscheinbar. Eine wichtige Qualität der Veranstaltung offenbart sich erst in den Tagen danach. Wenn ich dann ab Montag wieder im Alltagsleben bin und die Nacht der Masken Revue passieren lasse, erlebe ich großartige Momente. Wenn ich mit Kollegen spreche, habe ich im Hinterkopf, was ich erlebt habe, und denke: Wenn ihr wüsstet, was am Wochenende passiert ist!

OLIVIA UND ANDREAS

Wir spielen über Stunden mit Dildos und Peitschen oder mit hochempfindlichen Utensilien wie Federn und Nervenrädern.

Ihre militärische Schirmmütze aus Lackleder sitzt frech auf den langen, braunen Haaren, die rote Lackkorsage ist eng um ihre schmale Taille geschnürt. Ihr zartes Gesicht wird von einer schlichten Maske fast vollständig bedeckt, aber am Ausdruck der dunklen, großen Augen ist zu erkennen, wie intensiv sie das Geschehen um sich herum einsaugt. Ihr Mann, hager, mit blondem Bürstenhaarschnitt und im langen, schweren Lederrock, betont durch eine schwarze Ledermaske seinen strengen Look. Das Outfit der beiden hebt sich deutlich von dem barocken Reigen um sie herum ab. Ich spreche sie an. Im sympathischen österreichischen Dialekt versprechen sie mir ein Interview für den nächsten Tag

OLIVIA: Wir besuchen seit sieben Jahren in Deutschland, Österreich und überall auf der Welt Partys und Swingerclubs. Schon beim Kofferpacken schlüpfen wir in eine komplett andere Welt. Wir genießen die Atmosphäre und holen uns Anregungen. Gerade auf der Nacht der Masken kann man viele sensible Spielszenen beobachten. Gestern Abend hat ein Mann seine Frau an das Andreaskreuz gefesselt und lud einige der männlichen Gäste ein, sie zu berühren. Das sind Momente, die mir gefallen.

ANDREAS: Wir sind seit mehr als fünfundzwanzig Jahren zusammen, unsere drei Kinder sind groß, und wir wollten wieder mehr erleben, in jeder Beziehung. So eine Ehe wird nach einer gewissen Zeit einfach fad. Was hält einen dann noch, wenn man voneinander unabhängig ist? Die Zeit, wenn man so um die vierzig ist, kann schlimm sein. Will man diese Phase als Paar gemeinsam überstehen, muss einem was einfallen. Heute sind wir Ende vierzig und wieder eng verbunden. Unsere Lösung war – und sie funktioniert bis heute –, in regelmäßigen Abständen von vier bis fünf Wochen solche Partys zu besuchen. Das ersparte uns eine Paartherapie. Es geht uns dabei vor allem um die Stimmung, um die Geräusche und Bilder, die man hört und sieht. Aber auch darum, dass wir einen Fremden einladen können, sich an unserem Spiel zu beteiligen.

OLIVIA: Wir dachten von Anfang an, dass die Nacht der Masken zu uns passt. Ich wollte immer schon mal anderen beim Sex zusehen – nicht in irgendeinem Film, sondern live –, deshalb bin ich den Partymachern dankbar. Für uns Frauen gibt es ja nichts, um aus unserem Alltagsbettleben herauszukommen. Wir können kein Bordell besuchen, um zu schauen, wie das dort mit den Männern abläuft, obwohl es mich interessieren würde.

ANDREAS: Ich war noch bei keiner Nutte, ich möchte wirklich erregte Frauen sehen, auch ein Grund, die Nacht der Masken zu besuchen. Ich habe das Gefühl, dass alles, was hier geschieht, für die Frauen sehr lustvoll ist, und dass sie richtig Spaß daran haben.

OLIVIA: Trotz Kindern und der vielen Arbeit hatten wir uns über all die Jahre immer wieder mit unserer Sexualität auseinandergesetzt, so dass mein Verlangen nie ganz eingeschlafen war, auch wenn wir Phasen hatten, in denen wir dem Sex nicht viel Aufmerksamkeit gewidmet haben, sonder kurz miteinander geschlafen haben und fertig. Einmal erzählte ich Andreas von Phantasien, die weit über das hinausgingen, was wir seit fast zwanzig Jahren im Bett praktiziert hatten.

ANDREAS: Stimmt, ich war überrascht von der Intensität und Wildheit ihrer sexuellen Phantasien. Sie erzählte mir die ausgefallensten Dinge, die viele

»... ich möchte wirklich erregte Frauen sehen, auch ein Grund, die Nacht der Masken zu besuchen.«

ANDREAS

Tabus brachen, mich aber erregten und faszinierten.

OLIVIA: Von da an wollte er dann immer nach dem Sex wissen, welche Phantasien ich im Kopf hatte. Das war mir erst gar nicht so recht. »Bitte frag nicht, lass mich in Ruhe«, wehrte ich ab. Denn nach meinem Höhepunkt schämte ich mich für die Szenarien, die ich eben noch in meinem Kopf hatte entstehen lassen, um die Lust zu steigern. Ich stelle mir schon Szenen vor, die tatsächlich geschehen oder geschehen könnten. Manchmal kommen darin Priester vor, die alles mit mir tun. Oder ich schlafe mit älteren Männern, und es kommen immer neue Fremde hinzu, deren Gesichter ich niemals wahrnehme. Alle Spielarten der Lust, oft weitaus härter und rücksichtloser, als ich sie jemals real erlebt habe, beflügeln mich. Viele Eindrücke habe ich sicherlich aus unseren zahlreichen Fetisch- und BDSM-Pornofilmen, mit denen wir uns manchmal in Stimmung bringen. Die Positionen in meinen Phantasien wechseln von unten nach oben, mal bin ich die devote Sklavin, die von starken Männern genommen wird, mal ein dominanter Zuhälter, der junge Mädchen für ihren späteren Job als Nutten zureitet. Ich schlüpfe durchaus auch einmal in die Rolle eines Mannes.

ANDREAS: Manchmal, wenn sie nach dem Orgasmus sehr entspannt war, hat sie mir doch davon erzählt. Ich kommentierte das nicht. Es hätte die Stimmung gestört, ich wollte ihr auch kein schlechtes Gewissen machen. Es reicht schon, wenn man in Österreich zu Hause ist, noch dazu auf dem Land, wo der Katholizismus mit all seinen Dogmen noch allgegenwärtig ist. Dazu kommen noch Traditionen und gesellschaftliche Konventionen, die einen weiter einschränken.

OLIVIA: Wir leben in einem sehr konservativen Umfeld. Mein Mann ist Mediziner und leitet eine Klinik. Ich bin in der Geschäftsleitung.

ANDREAS: Die meisten Kollegen sind Spießer. Das ist eine völlig andere Welt, ich gebe mich dort auch konservativ.

OLIVIA: Die Phantasien nutze ich nur, um zum Höhepunkt zu kommen. Ich kann mir nicht vorstellen, sie in die Realität umzusetzen. Ich möchte weder jemanden tatsächlich verletzen noch selbst verletzt werden. Es sind auch Vergewaltigungsphantasien dabei, und welche Frau möchte schon tatsächlich vergewaltigt werden?

ANDREAS: Im Grunde ist für mich alles vorstellbar, was einvernehmlich geschieht, was nicht mit Kindern zu tun hat und solange niemand dadurch geschädigt wird. Das weiß Olivia auch, deshalb ist es kein Problem, wenn sie sagt: »Ich hätte jetzt Lust, dass du mich fesselst und was mit dem Dildo machst.«

OLIVIA: Früher kam Schmerz als Mittel zum Lustgewinn in keiner meiner Phantasien vor, das war ausgeschlossen. Aber wenn man in dem Spiel einmal drin ist, will man irgendwann mehr, auch in der Realität.

ANDREAS: Durch das Schlagen erfolgt eine Endorphinausschüttung, Glückshormone, die die Erregung steigern.

OLIVIA: Das habe ich am Anfang nicht geglaubt, aber ausprobieren wollte ich es dennoch. Auf einer der Nächte lernte ich einen Mann kennen, der das sehr gut kann. Der weiß, wie viel Zeit man braucht, wie dosiert man die Schläge setzt und wohin. Ihm vertraute ich mich an.

ANDREAS: Wir reden hier nicht von lieblosen Züchtigungen, so wie ich das ab und an auf Partys sehe. Ich wette, dass ein Teil der Männer keine Ahnung hat, was sie da machen. Die haben einfach Lust, die Frau zu schlagen, und sie sagt nicht Nein, weil sie glaubt, dass sich das so gehört und sie damit dem Mann gefällt. Oft sieht man Männer, die sich beim Schlagen gar nicht auf den physischen und psychischen Zustand der Partnerin konzentrieren, sondern ständig zu den Zuschauern sehen, um zu prüfen, ob ihre zur Schau gestellte Dominanz wohl gut ankommt. Das ist Posen und hat für mich im erotischen Spiel nichts zu suchen.

OLIVIA: Wenn ich eine Session beobachte, bei der ich das Gefühl habe, dass der Mann ziellos Schläge auf seiner Sklavin platziert, dann verlasse ich den Gewölbekeller, so wenig gefällt mir das. Andreas hat sich viel bei den ›Könnern‹ abgeschaut, außerdem weiß er aufgrund seines Berufes viel über den Körper an und für sich. Bei ihm kann ich mich auf alles einlassen, weil ich weiß, dass er die Situation im Griff hat und meine körperlichen und psychischen Grenzen kennt. Denn immer öfter, da hat selbst er schon gestaunt, komme ich in so einen Flow, fliege ich so weg, da könnte mich jemand umbringen, ohne dass ich ihm Einhalt gebieten würde. Durch die Ausschüttung der Endorphine in einer guten Spielsession, zum Beispiel beim Spanking, steigere ich mich in ein solches Hochgefühl hinein, dass ich keine Schmerzen mehr spüre und nur mehr high und geil bin – und immer mehr davon möchte. Ich wäre außerstande, in dieser Situation die Session abzubrechen. Wenn er das ausnutzen würde oder nicht wüsste, was er tut, könnte ich wirklich schwere körperliche Verletzungen davontragen, von psychischen ganz zu schweigen. Aber ich kann mich hundertprozentig auf ihn verlassen, auch wegen seines medizinischen Wissens, dass mir keine bleibenden Schäden zugefügt werden. Ich bin keine O, die auf bleibende Spuren stolz ist, und auch Andreas möchte mich nicht mit Narben verunstalten.

ANDREAS: Auf keinen Fall, deshalb trinke ich auf den Partys kaum Alkohol. Ich möchte immer ausreichend konzentriert sein.

OLIVIA: Am Anfang, wenn wir ankommen, nehmen wir ein Glas Sekt zum Anstoßen und um die Angst zu lösen. Aber mehr kommt für uns nicht infrage. Sonst laufen die Phantasien kreuz und quer, die Eindrücke verschieben sich. Außerdem macht mich Alkohol müde.

ANDREAS: Nicht nur das, wenn man betrunken ist, wird es schwerer, zum Orgasmus zu kommen, man kann das Potenzial nicht vollständig nutzen, das der Körper an Empfindungen vorbereitet und zur Verfügung stellt. Wir suchen auf so einer Party keine schnelle Nummer, sondern spielen über Stunden mit Dildos und Peitschen oder mit hochempfindlichen Utensilien wie Federn und Nadelrädern, mit denen man die Nervenbahnen sensibilisiert. Was dann auf der Haut passiert, kann schon einem kleinen Feuerwerk gleichkommen. Sanft eingesetzt sorgt es für wohlige Schauer und Gänsehaut. Ich kann damit Reaktionen auslösen, die die Lust weiter steigern. Da die Räder aber sehr spitz sind, könnte ich die Haut auch verletzen. Ich möchte keinen Fehler machen, nur weil ich betrunken bin.

OLIVIA: Wir gehen auch nicht sofort bis zum Orgasmus, sondern bremsen kurz davor ab, sonst wäre der Abend ja gelaufen. So können der Genuss und vor allem das spätere orgastische Erleben stark gesteigert werden.

ANDREAS: Lust bereite ich ihr auch mit Hilfe von speziellen Tit Sticks – Nippelklemmen, bei denen ich den Druck sehr sensibel einstellen kann. Oder ich nehme für die Reizung der Nippel eine normale Zungenfasszange aus dem medizinischen Bereich. Die ist perfekt, ich kann sie gut halten, und sie ist sehr sanft. Die Sachen aus dem BDSM-Shop tun oft weh, weil sie zu hart oder zu schwer sind.

OLIVIA: Wir verwenden auch für das Spiel mit den Nippeln ein Gleitgel, damit sie nicht wund werden oder das Gefühl verloren geht. So macht es noch mehr Spaß. Am besten sind Wäscheklammern aus Holz, damit kann ich die tollsten Sachen machen, aber dafür brauche ich Zeit. Eine Stunde ist da schnell um.

ANDREAS: Wir sind Switcher, wie Olivia schon angedeutet hat, auch ich lasse mich gern fesseln. Es bringt mir nichts, nur locker fixiert zu werden, denn dann habe ich immer im Hinterkopf, dass ich stark genug bin, mich jederzeit zu befreien. Ich muss richtig gefesselt sein, damit ich weiß: Auch wenn ich möchte, kann ich Olivia jetzt nicht unterwerfen. Früher haben wir versucht, im Vorfeld abzusprechen, wer am jeweiligen Abend der Devote und wer der Dominante ist. Aber das hat nicht funktioniert, weil man nicht immer gleich drauf ist.

OLIVIA: In der Zwischenzeit ergibt sich vor Ort ein Gespräch darüber, wir spielen uns da nichts vor – das haben wir vereinbart.

ANDREAS: Wenn ich mich um sie kümmern und alle Sinne stimulieren möchte, dann darf sie nicht lügen. Olivia darf nicht stöhnen, wenn ihr nicht danach ist, weil ich sonst ihre Erregung falsch einschätze. Und selbstverständlich ist bei uns auch das Vorspielen eines Orgasmus ausgeschlossen. Wir können auch schlecht spielen, wenn es zu laut wird. Wenn ich sie nicht mehr höre, muss ich es sein lassen, da ich sonst Fehler mache und sie ohnehin abstürzt. Momentan probieren wir etwas Neues aus und experimentieren mit Elektrostimulation, da fehlt mir noch Erfahrung. Gerade dann muss ich jede ihrer Regungen spüren und hören können.

OLIVIA: Am Anfang haben wir gedacht, dass wir nicht auf solche Partys gehen können, weil es dort irgendwelche Regeln gibt, die wir nicht einhalten möchten. Wir glauben inzwischen, dass es in der Sexualität keine Regeln gibt.

ANDREAS: Wenn ich ein bisschen Zeit habe, lese ich gern in Internetforen. Dort tauchen immer wieder Leute auf, die sich im Besitz allgemeingültiger Wahrheiten wähnen. Zum Beispiel, dass ein richtiger SMler nicht fickt. Das ist ja total irre. Wenn es mir nicht passt, dass da drei Paare poppen, dann wechsle ich das Zimmer und gehe dorthin, wo ein Kreuz steht. Oder ich wechsle für eine Stunde in die Bar, unterhalte mich und komme später wieder. Mit solchen Regelmachern sind wir fertig. Unsere Einstellung ist klar: Jeder kann alles machen, und wir handhaben das genauso. Es gibt kein dominant und kein devot, es gibt nur das, was ich möchte.

OLIVIA: Heute sind wir ein eingespieltes Team und wissen genau, was wir wollen, das war zu Beginn unserer Ehe anders. Obwohl wir uns von An-

»Am Anfang haben wir gedacht, dass wir nicht auf solche Partys gehen können, weil es dort irgendwelche Regeln gibt, die wir nicht einhalten möchten. Wir glauben inzwischen, dass es in der Sexualität keine Regeln gibt.«

OLIVIA

fang an mit unserer Sexualität beschäftigten, waren wir unwissend.

ANDREAS: Wenn man in Österreich heiratet, dann wird man vom Pfarrer zum Ehe-Unterricht vorgeladen, ein erfahrenes Ehepaar kommt dazu und erzählt von der ewigen Liebe. Das ist zwar spannend zu hören, aber wie man diese Liebe über Jahre jung erhält, dazu sagen sie nichts. Weil sie es nicht wissen. Wenn man jung und frisch verliebt ist, ist die Sache mit der Liebe kein Problem, aber wenn der hohe Hormonspiegel im Gehirn sinkt, Neurowissenschafter sagen so etwa nach sieben Monaten – wie geht es dann weiter? Das Problem ist, dass wir viel zu wenig darin ausgebildet werden, wie der Körper funktioniert. Warum wir uns kennenlernen, warum wir eine Zeit lang stürmisch verliebt sind und in dem anderen keine Fehler sehen. Das ist so, damit wir uns fortpflanzen. Je nach der sozialen Struktur der Tierart, und bei uns ist es nicht anders, ist dann das Weibchen mit der Brutpflege beschäftigt, während das Männchen weiter versucht, sich zur Erhaltung der Art fortzupflanzen. Das ist einfach so, auch wenn die meisten Menschen es nicht hören wollen. Das ist ein Fakt. Der Mann will also weiter Sex, die Frau hat aber keine Zeit und keine Nerven dafür, denn sie ist mit dem Nachwuchs beschäftigt. Die Gesellschaft, die Kirche, die Eltern, alle sagen, du darfst nur mit deiner eigenen Frau Sex haben, fremdgehen ist ein Tabu – und dann lebt man sich auseinander. Die meisten Männer sind in dieser Phase schon rücksichtsvoll gegenüber ihrer ›Göttin‹ und ihren Kindern, aber irgendwann halten sie es nicht mehr aus und brauchen auch die ›Hure‹ in ihrer Partnerin – eine komplexe Beziehungssituation, die aber nicht klar begriffen wird. Die Männer verstehen es nicht, sie fühlen es nur, die Frauen verstehen es auch nicht, und in der Gesellschaft wird nicht offen darüber geredet, sondern geheuchelt und gelogen, um den Status quo aufrechtzuerhalten. Wie gut funktionieren denn monogame Beziehungen überhaupt, angesichts des immensen Umsatzes der Prostitution in unserem Kulturkreis? Dieser Markt wird ja überwiegend von Ehemännern getragen, wer soll es denn sonst sein? Plötzlich beginnt man in seiner Partnerin Fehler zu sehen, aber anstatt die biologischen Hintergründe zu begreifen, denkt man: »Ich habe einfach die Falsche erwischt!«, sucht sich eine Neue – und dann beginnt das Spiel wieder von vorne, mit demselben Ergebnis wie in der vorherigen Beziehung. Diese biologischen Tatsachen sollten einem bewusst sein, vielleicht kann man den Fallen dann besser entgehen.

OLIVIA: Die Kinder waren klein, wir hatten sehr viel Arbeit. Wir waren ständig übermüdet und am Limit. Wir hatten zwar täglich Sex, aber dachten nie darüber nach, wie das für beide Seiten befriedigender funktionieren könnte.

ANDREAS: Bei uns ging das so: Ich bin morgens um fünf Uhr munter geworden, weil ich früh zur Arbeit musste. Als Erstes machte ich mich einige Minuten über meine Frau her. Sie hat nie was dagegen gehabt und immer ihre ›eheliche Pflicht‹ erfüllt. Das ist ein paar Jahre so gegangen, sie hat sich nie beklagt. Ich war befriedigt und sie wahrscheinlich damit zufrieden. Oft ist sie gar nicht richtig aufgewacht, trotzdem haben wir drei Kinder gezeugt. Ich bin frühstücken gegangen und habe mich dann auf den Weg zur Arbeit gemacht. So ist das jahrelang abgelaufen, und meine Frau beschwerte sich nie. Damals habe ich auch nichts Negatives darin gesehen und auch gar nicht darüber nachgedacht, da der Job und nicht die Familie für mich Priorität hatte. Ihre sexuellen Bedürfnisse waren in dieser Zeit durch die große familiäre und berufliche Belastung natürlich sehr gering. Sie wurde von allen Seiten in die Rolle gedrängt, eine gute Mutter zu sein und in der Klinik ihren Beitrag zu leisten.

OLIVIA: In dieser Zeit wäre es mir auch zu viel gewesen, wenn ich mich neben den Kindern und dem Job noch um eine intensivere Sexualität hätte kümmern sollen. Aber generell habe ich das Gefühl, dass wir Frauen zu selten sagen, zu was wir bereit wären und was wir uns viel mehr wünschen würden. Wir Frauen fordern viel zu wenig von den Männern ein, wir akzeptieren viel zu viel.

ANDREAS: Ich war lange beim Militär, lebte also in einem männlich dominierten Bereich. Da ist ständig über Sex gesprochen worden, jeder war natürlich der Beste, aber von den Bedürfnissen der Frau habe ich bis zu meinem fünfundzwanzigsten Lebensjahr nichts gehört. Sex? Das macht man einfach mit der. Bis ich dann als Mediziner gelernt habe, wie sexuelle Reaktionsketten ablaufen. Das hat mir die Augen geöffnet, und Olivia wurde mein Studienobjekt.

OLIVIA: Er hat sein ganzes Anatomiebuch an mir ausprobiert.

ANDREAS: Es hat ihr Spaß gemacht, alles zu erfahren und den Lustgewinn zu steigern. Wir wissen heute noch nicht alles, wir entwickeln uns ständig weiter und kommen auf die tollsten Dinge. Deswegen denke ich, wir müssen keine Angst haben, dass die sexuellen Möglichkeiten irgendwann ausgeschöpft sind und die Ödnis wieder Einzug hält, wenn wir intensiv daran weiterarbeiten. Für mich ist ein Leben mit einer Frau, wenn man voneinander unabhängig ist und die Kinder nicht mehr so viel Zeit in Anspruch nehmen, ohne eine intensive sexuelle Beziehung unvorstellbar.

»Unsere Sexualität ist sehr experimentell. Sie entwickelt sich ständig in Richtung eines immer größeren Lustgewinns für uns beide weiter, ist also explizit partnerbezogen.« ANDREAS

Weil für mich ein Leben ohne erfüllten Sex undenkbar ist. Ich müsste Olivia dann betrügen, aber die ständigen Lügen würde ich nicht aushalten. Lieber stecke ich meine Energie in unsere Beziehung. Ich muss meine Partnerin kennen, deshalb haben wir auf den Partys keinen Partnertausch mit Geschlechtsverkehr, zumindest noch nicht. Vielleicht sind wir noch nicht so weit.

OLIVIA: Ich weiß nicht, ob das noch kommt, denn Quickies interessieren mich überhaupt nicht. Ich will nicht irgendwo von irgendjemandem genommen werden. Davon habe ich nichts, da ich immer zum Orgasmus kommen möchte. Das gelingt momentan nur mit Andreas, da er mich kennt und ich mich bei ihm fallen lassen kann.

ANDREAS: Unsere Sexualität ist sehr experimentell. Sie entwickelt sich ständig in Richtung eines immer größeren Lustgewinns für uns beide weiter, ist also explizit partnerbezogen. Ich möchte mit meiner Frau immer neue Facetten der Sexualität entdecken. Wir beschränken uns deshalb darauf, Männer zu suchen, die Olivia berühren. Natürlich müssen es rücksichtsvolle Männer sein, die für das erotische Spiel mit Paaren geeignet sind und die Lust der Frau in den Mittelpunkt stellen. Die allermeisten Männer, die man auf der Nacht der Masken trifft, haben aber angenehmerweise ein gewisses Niveau, halten sich an Spielregeln, warten, bis sie dazugebeten werden.

OLIVIA: Zehn Mal waren wir schon hier, und oft lernen wir nette Paare beim Essen kennen.

ANDREAS: Aber zweimal saß ich neben einer Frau, die nicht gewusst hatte, dass dies eine Erotikparty ist. Bei einer war es wirklich extrem, sie war so nervös, dass sie nichts essen konnte. Ich habe ein Gesprächsthema gesucht und plötzlich fragte sie mich, was das hier eigentlich sei. Ihr Mann habe ihr nur gesagt, dass sie schön essen gehen würden. Aber angesichts der vielen merkwürdigen Kleider, sie meinte die O-Kleider, wüsste sie überhaupt nicht, wo sie jetzt sei. Da fehlten mir die Worte.

OLIVIA: Vorletztes Jahr buchten wir mit einem deutschen Veranstalter, der sich auf Erotikevents spezialisiert hat, einen Urlaub in einem Lifestyle-Hotel auf Jamaika, mit einer sehr netten europäischen Reisegruppe. Spätestens ab dem zweiten Tag nach der Ankunft, nachdem alle Reiseteilnehmer bereits guten Sex hatten, gab es nur mehr außerordentlich tolerante, fröhliche und ausgeglichene Menschen im Club. Man konnte fast überall auf der Anlage Sex haben oder dabei zusehen, und Themenpartys motivierten uns zu immer neuen erotischen Abenteuern. Das war schon eine großartige Erfahrung. Wenn wir sonst auf Partys fahren, bedeutet das zwei Tage Auszeit, an denen wir komplett abschalten. Ich habe in dieser Zeit zwei- oder dreimal einen Orgasmus und bin hinterher körperlich total befriedigt und entspannt. Und plötzlich hatten wir eine ganze Woche, das ist unheimlich viel Zeit. Nicht nur der Rahmen, sondern auch die Temperaturen haben sehr anregend gewirkt, und so hatten wir ständig Sex.

ANDREAS: Das war ein interessantes physiologisches Experiment – ich hätte nicht gedacht, dass wir eine Woche lang rund um die Uhr Sex haben können.

OLIVIA: Wir haben uns auch sehr viel unterhalten. Nicht nur mit anderen, sondern auch wir hatten uns wahnsinnig viel zu sagen. Da man mehrere Tage mit den anderen Gästen verbrachte, ergaben sich intensivere Gespräche als auf den Partys. Ich fragte viel, weil ich wissen wollte, wie es anderen Frauen geht. Fühlen sie dasselbe wie ich? Wie weit sind sie? Was machen sie so, und was davon könnte auch etwas für mich sein? Nach ein paar Tagen waren alle lockerer und haben sehr offen geredet. Ich hatte das Gefühl, dass viele der Frauen, obwohl sie doch so experimentierfreudig unterwegs waren, ihre Sehnsüchte weniger ausleben, sondern sich vor allem auf die Wünsche der Männer einstellen. Die Offenheit in Bezug auf

ANDREAS

»... Natürlich müssen es rücksichtsvolle Männer sein, die für das erotische Spiel mit Paaren geeignet sind und die Lust der Frau in den Mittelpunkt stellen.«

sexuelle Phantasien, die zwischen Andreas und mir herrscht, schien nicht immer gegeben zu sein. Die Frauen wagen weniger deutlich zu sagen, was sie sich wünschen.

ANDREAS: Viele der Partys, die im Hotel angeboten wurden, waren eher auf Partnertausch ausgerichtet, aber darauf wollten wir uns nicht einlassen.

OLIVIA: Ja, wir waren eher Beobachter, holten uns Anregungen und genossen zu zweit das Treiben um uns herum.

ANDREAS: Da dachte ich: »Es passt alles, wir haben Zeit – lass uns diesen schönen Rahmen für eine Session in der Öffentlichkeit nützen.« Am Morgen setzte ich mich an den Schreibtisch und überlegte. Da ich Olivias Phantasien kenne, konzipierte ich ein Spiel, das ganz auf sie abgestimmt war. Damit alles klappte, schrieb ich sogar ein Drehbuch. Als es fertig war, sagte ich zu ihr: »Pass auf, heute Abend wird etwas geschehen, was dir lange von dieser Reise in Erinnerung bleiben wird. Lass dich überraschen.« Dann organisierte ich den ganzen Tag Mitspieler. Als Erstes fragte ich den männlichen Teil eines sehr netten Paars, mit denen wir schon öfter gesprochen hatten, ob er sich vorstellen könne mitzumachen. Er war gleich begeistert und versprach, seiner Frau auch nichts zu verraten, damit beide Frauen wirklich überrascht werden. Als Nächstes bin ich an den Strand gegangen und habe weitere Männer ausgesucht. Diejenigen, die ich kannte, fragte ich direkt, über andere erkundigte ich mich vorher, ob sie wohl geeignet seien. Überreden musste ich keinen. So bekam ich fünf tolle Burschen zusammen. Einen kannte ich von der Nacht der Leidenschaft und wusste deshalb, dass er was von Peitschen und Frauen versteht. Was er sagt, hat Hand und Fuß, der weiß, wie Frauen ticken. Er achtet immer darauf, dass alles im Rahmen bleibt. Am Abend wies ich Olivia an, nur ihr Taillenkorsett und hohe Schuhe zu tragen, sonst nichts. Dann verband ich ihr mit Bondage Tape die Augen und erzählte ihr folgende Geschichte: »Da du gestern beim unzüchtigen Treiben mit fremden Männern beobachtet wurdest, sollst du heute bestraft werden. Du wartest hier auf dem Zimmer, bis du von einem Gerichtsdiener abgeholt wirst. Er wird an die Tür klopfen, du wirst öffnen und ihm widerstandslos folgen. Du musst keine Angst haben, du wirst nicht zu Schaden kommen. Es wird nichts passieren, was ich nicht möchte.«

OLIVIA: Dieser letzte Satz ist wichtig, denn ich kann mich auf Andreas verlassen.

ANDREAS: Nachdem ich sie im Zimmer mit verbundenen Augen zurückgelassen hatte, um der anderen Mitspielerin im Nebenzimmer die Augen zu verbinden, bemerkte ich, dass ich in unserem Zimmer die Schere vergessen hatte. Deshalb musste ich unerwartet dahin zurückkehren. Ich klopfte.

OLIVIA: Ich ging vorsichtig zur Tür und öffnete, konnte aber natürlich nicht sehen, wer reinkam, und nahm an, der Gerichtsdiener wolle mich schon abholen. Ich zitterte am ganzen Körper und habe kein Wort hervorgebracht, so nervös und erregt war ich.

ANDREAS: Ihre Angst und Erregung faszinierte mich und machte mich an. Ich führte sie zurück zum Bett. Am liebsten hätte ich auf der Stelle mit ihr geschlafen, bezwang mich aber.

OLIVIA: Die Spannung, die sich während der Wartezeit aufbaute, war irre.

ANDREAS: Die Gerichtsdiener, gekleidet in lange schwarze Umhänge, eskortierten die fast nackten Frauen in den Speisesaal und stellten sie dort, die Augen nach wie vor verbunden, an den Pranger. Der Raum war mit fast zweihundert Menschen gefüllt – ein starkes, unvergessliches Bild. Olivia und ihre Mitangeklagte haben toll ausgesehen.

OLIVIA: Es war wunderschön für mich.

ANDREAS: Ein Blitzlichtgewitter ging los, viele fotografierten. Damit hatte ich nicht gerechnet.

OLIVIA: War ich froh, dass meine Augen verbunden waren, sonst hätte ich mich noch mehr geschämt.

ANDREAS: Ich bin richtig erschrocken, dann bat ich darum, dass keine Fotos im Internet auftauchen.

OLIVIA: Das ist bei der Nacht der Masken angenehmer, dort kann man sich darauf verlassen, dass nicht fotografiert wird.

ANDREAS: Frauen wie Männer sind spontan zu den beiden Delinquentinnen hingegangen und streichelten sie.

OLIVIA: Es ging irrsinnig zärtlich und liebevoll zu. Die Frauen flüsterten mir oft was ins Ohr, bevor sie mich berührten. Frauen wissen einfach besser, wie Frauen funktionieren, während mancher Mann mir gleich an die Nippel fasste oder ungeschickt an mir herumrubbelte.

ANDREAS: Ich habe danebengestanden und eingegriffen, wenn einer zu grob wurde. Ich versuchte auch darauf zu achten, dass nicht jeder sie direkt intim berührte – als Mann will man doch auch nicht gleich an den Schwanz gefasst werden. Nach einer halben Stunde war es Zeit, die Frauen ihrer Strafe zuzuführen. Am Meer stand ein offener Pavillon, dort war die Fortsetzung geplant. Es bildete sich eine Prozession, bestimmt fünfzig Leute sind mitgegangen. Viele dachten wohl, es sei eine von den Veranstaltern organisierte Show. Einige fragten, ob sie mitspielen dürften, aber nachdem ich erklärt hatte, dass dies eine private Geschichte sei, wurde respektvoll Abstand gehalten. Manche blieben dennoch die kompletten zwei Stunden dabei und schauten zu, wie die Frauen bestraft wurden. Der Mann mit der Peitsche hat die Züchtigung übernommen.

OLIVIA: Er und seine Helfer haben das sehr gut gemacht und mich zum Fliegen gebracht.

ANDREAS: Die anderen Männer, die ich am Vormittag eingeweiht hatte, hielten sich im Hintergrund. Wenn ich sagte, dass weitere Hände oder Schwänze gebraucht würden, kamen sie dazu – und zogen sich auf mein Gebot hin auch wieder zurück. Die Frauen nahmen die Schwänze in die Hand oder in den Mund, ohne zu wissen, wen sie da berührten oder wem sie da einen bliesen …

OLIVIA: Soweit ich das mit verbunden Augen beurteilen konnte, haben sich da einige attraktive und auch junge Männer sehr um mich bemüht. Aber es war Andreas' Geruch, der mich ganz verrückt machte. Ich sagte immer wieder: »Bleib da, Andreas. Wenn ich dich rieche, geht's mir besser.« Ich weiß bis heute nicht, wer sie waren, nur den Mann mit der Peitsche erkannte ich. Bei jedem, mit dem ich in den nächsten Tagen noch geplaudert habe, überlegte ich, ob der dabei war, ob ich vielleicht an diesem Abend seinen Schwanz gehalten oder geblasen hatte. Das war recht spannend. Die Männer sind allesamt sehr höflich und diskret gewesen, keiner hat sich verraten.

ANDREAS: Im Laufe dieses Urlaubs hat sich Olivia verändert. Sie entwickelte eine neue, sehr starke Bindung zu mir. Nach dem zwanzigsten Orgasmus am dritten oder vierten Tag gestand sie mir, sie habe sich nicht vorstellen können, sich mir noch einmal so nah zu fühlen. Und ich verstehe sie nur zu gut: Nach über zwanzig Jahren Ehe, in denen man zwar durch dick und dünn gegangen ist, aber auch hunderttausend Mal gestritten hat, erwartet man das einfach nicht mehr.

OLIVIA: Ich kann nur bestätigen, dass die Bindung zu ihm unwahrscheinlich stark war. Ich fühlte mich ihm so nah, dass ich ihm meine innersten Geheimnisse anvertraute. Wir führten unglaubliche Gespräche. Auf dem Rückflug haben wir beschlossen, dass wir auch an unserem Leben zu Hause noch etwas ändern müssen.

ANDREAS: Wir nahmen viel Geld in die Hand und kauften uns eine Stadtwohnung in Wien. Um zu Hause, aber eben nicht im Haus, spielen zu können.

OLIVIA: Wir sind gerade dabei, die Wohnung einzurichten. Eine Liebesschaukel, einen Strafbock und ein Andreaskreuz haben wir schon, aber da ist noch viel Platz für weitere Ideen.

ANDREAS: So werden wir unablässig auf der Suche sein, um uns weiterzuentwickeln. Ich bin inzwischen überzeugt davon, dass wir buchstäblich unendlich viele Möglichkeiten haben. Allein, wenn man daran denkt, was sich im psychologischen Bereich abspielt. Wie groß die Rolle der Psychologie ist, habe ich erkannt, als ich erlebt habe, wie Olivia auf den Gerichtsdiener gewartet hat. In welchem Zustand der Erregung, der Erwartung und der Angst sie sich befand, noch bevor sie auch nur das Zimmer verlassen hatte.

OLIVIA: Wir machen uns hin und wieder mal Gedanken darüber, was es für ein Gerede geben würde, wenn unsere Aktivitäten herauskämen. Wir haben eine Position und ein Alter erreicht, in denen mir das vielleicht egal ist. Als Frau wird man ja häufiger für seine sexuellen Bedürfnisse verurteilt als ein Mann, Männer dürfen schon mal ins Bordell gehen oder eine schnelle Nummer schieben, aber als Frau kommt man in Verruf. So ist es zumindest noch bei uns.

ANDREAS: Richtig. Es würde mir niemand übel nehmen, wenn es hieße: »Den Doktor haben wir im Puff gesehen.«

OLIVIA: Selbst die Schwiegermutter nicht. Aber ich als seine Ehefrau soll für die Kinder zuständig sein und für dieses sexuelle Vergnügen soll er eine Zweitfrau nehmen, nur weil es außerhalb der Norm liegt, das will ich auf keinen Fall.

ANDREAS: Wenn ich zu meiner Mutter sagen würde: »Du, ich nehme jetzt zwei Nutten und fahre mit denen auf die Nacht der Masken«, würde sie mich nicht kritisieren. Aber wehe, ich würde sagen: »Ich fahre mit meiner Frau auf ein Schloss der Lust.« Das gäbe ein Problem. Sie würde mir eher verzeihen, dass ich das mit fremden Frauen mache als mit meiner Ehefrau. Da läuft was falsch in unserem Wertesystem, das ist doch Heuchelei.

STINA UND JACK

Sie verkörpert die Edelhure – und ich bin ihr Liebhaber.

Die feine Naht auf ihren Seidenstrümpfen verschwindet unter einem kurzen Rock. Die scheinbar endlosen Beine werden durch die 10 Zentimeter hohen Absätze ihrer Pumps noch verlängert. Der sinnlich rot geschminkte Mund und die langen Haare betonen ihre feminine Ausstrahlung. Damit widerspricht sie jeder Vorstellung, die man sich von einer Beamtin im gehobenen Dienst in der Finanzverwaltung macht. Beide sind Anfang vierzig und sportlich schlank. Als typischer Vertriebsmanager im gut sitzenden Anzug und mit kurz geschnittenem Haar übernimmt ihr Mann die Gesprächsführung.

JACK: Sowohl im privaten als auch im beruflichen Umfeld gelte ich als konservativ. Das ist mir lieber, als wenn man über mich redet: »Holla, der lässt einmal im Monat mit seiner Frau die Puppen tanzen.« Meiner Meinung nach ist es besser, wenn man seine erotischen Vorlieben vom Berufs- und Privatleben trennt. Die meisten in unserem Bekanntenkreis wären überfordert, wenn sie wüssten, was wir so alles anstellen. Ich pflege eher das Image eines Biedermannes, und das ist auch gut so.

STINA: Also, unterschätze nie einen Biedermann! Jack und ich sind verheiratet. Ich bin 41 Jahre alt, mittlerweile auch Mutter. Obwohl wir uns das am Anfang nicht vorstellen konnten, genauso wenig wie dass wir heiraten werden.

JACK: Wenn ich nicht die Frau heiraten möchte, mit der ich so viele Gemeinsamkeiten habe, wen dann?

STINA: Eine dieser Gemeinsamkeiten ist das Thema ›erotische Veranstaltungen‹ damit hatte ich zuvor keine Berührungspunkte, das haben wir für uns entdeckt und entwickelt.

JACK: Jeder von uns hatte vorher eine langjährige Beziehung und ist verheiratet gewesen. Unglücklicherweise gingen die Ehen auseinander. In beiden Fällen, Gott sei Dank, ohne Kinder, die darunter hätten leiden müssen. Beide empfanden wir unsere vorherigen Beziehungen in puncto Sex als ziemlich unbefriedigend. Bevor ich Stina kennenlernte, dachte ich, dass nur der Mann sexuell nicht ausgelastet sein kann, weil die Frau nicht will. Bei Stina war es andersrum, sie wollte mehr Sex als ihr Mann.

STINA: Definitiv, ich musste meinen Exmann fast zum Sex zwingen. Nur mit Mühe bekam ich ihn ab und an dazu. Selbst wenn ich mir was Heißes angezogen hatte, zum Beispiel ein Torselett mit Strapsen dran, musste ich immer damit rechnen, dass er sagte: »Schatz, geh mal zur Seite, meine Lieblingsserie fängt gleich an.« So eine Abfuhr ist für eine Frau wie ein Schlag ins Gesicht. Diese Beziehung hat mich natürlich geprägt, denn wir waren zwölf Jahre zusammen. Danach konnte ich mir nicht mehr vorstellen, dass es Männer gibt, die tatsächlich Sex möchten …

JACK: … und die auf erotische Feinheiten Wert legen. Ich dagegen war schon immer ein Schöngeist und habe ein Auge dafür, wenn eine Frau sexy angezogen ist oder einfach eine erotische Ausstrahlung hat. Genau wie Stina hatte ich mir aber die falsche Partnerin für so etwas gesucht. Sexy Kleidung? Das ging schon mal überhaupt nicht! Für meine erste Frau waren Overknee-Stiefel ›Fick-mich-Stiefel‹. Alle erotischen Themen waren bei ihr verpönt. Mit Stina hingegen konnte ich mich von Anfang an über Erotik unterhalten, auch darüber, dass ich diese Stiefel geil finde.

STINA: Overknees wollte ich schon immer mal probieren, die fand ich sehr interessant. Aber meinem Exmann hätte ich damit nicht kommen dürfen.

JACK: Ich erinnere mich noch genau, Stina und ich waren ein Dreivierteljahr zusammen, der erste gemeinsame Urlaub stand an. Heimlich erstand ich ein paar Overknee-Stiefel mit Stiletto-Absatz und dazu ein Ledertorselett. Meine erste Frau hätte dazu nur gesagt: »Du Schwein, ich habe es ja gleich gewusst!« Und der Urlaub wäre gelaufen gewesen. So ging ich also schon ein gewisses Risiko ein, als ich damals die Sachen aufs Hotelbett legte. Ich dachte, entweder haut Stina mir gleich eine runter oder aber es funktioniert. Als sie die Kleider entdeckte, verschwand sie sofort im Badezimmer, um sich umzuziehen. Die Frau, die dann wenige Minuten später aus der Tür trat, war eine völlig andere als die, mit der ich vorher bereits neun Monate zusammen gewesen war. Stina hatte ein Funkeln in den Augen, wie ich es bei ihr nie zuvor gesehen hatte.

STINA: Für mich ist es enorm wichtig, wie ich gekleidet bin, es verändert mein Fühlen und Verhalten. Wenn ich zum Beispiel angeschlagen bin und einen Schlafanzug anziehe, fühle ich mich richtig krank. Kann ich mich aber wieder in einen kurzen Rock zwängen und ein Paar halterlose Nylons anziehen, geht es mir gleich besser. Ich schlüpfe dann vielleicht schon in eine Rolle, ich bin besser drauf, fühle mich offener. Ich bin im Alltag auch gern sehr weiblich und sexy gekleidet, aber Fetischkleider aus Lack oder Leder sind noch mal schärfer. Das ist ein großer Unterschied.

JACK: Kleidung geht bei Stina eindeutig einher mit ihrer Gemütsverfassung. Es ist genau, wie sie gesagt hat: Wenn sie ein paar Tage krank ist und zum Beispiel aufgrund einer Erkältung kein Liebesspiel drin ist, sitzt sie im Schlafanzug da, fühlt sich schlecht und strahlt das auch bis in die Haarspitzen aus. Hat sie dann aber ein paar Abende später plötzlich wieder einen kurzen Rock, die High Heels und die durchsichtige Bluse an, weiß ich, dass die Krankheit vorbei ist. Mit den Fetischklamotten haben wir etwas entdeckt, das wir beide noch nicht kannten, auch wenn die Lust darauf im Verborgenen sicherlich schon vorhanden war. Indem ich letztlich aber so mutig gewesen bin, und aus meiner Sicht war es mutig, damals die Overknee-Stiefel und das Ledertorselett zu kaufen, stießen wir unsere erste Tür in Richtung Fetisch auf.

STINA: Die Entdeckung haben wir sehr genossen. Nach dem Urlaub überraschte ich meinen Mann fast jeden Tag neu. Ich hatte oft eher Feierabend als Jack, bin nach der Arbeit erst joggen gegangen, habe anschließend die Käseplatte arrangiert, eine Flasche Rotwein aufgemacht und mich sexy gestylt.

JACK: Wenn ich dann nach Hause kam, stand Stina schon in Lack oder Leder in der Küche. Jeder Tag war ein Highlight, weil wir unsere Erotik neu entdeckt haben. Ich fand es schon damals großartig, eine Frau zu haben, die in Latex- oder Ledersachen so irre gut aussieht, aber noch beschränkte sich das auf unsere Wohnung. Für die Straße oder für einen Restaurantbesuch kam das Outfit nicht infrage. Wir haben das in anderen Städten zwar getestet, Stina hat dort im Restaurant den Ledermini getragen und damit Aufsehen erregt. Manchmal war das tatsächlich prickelnd, manchmal immerhin lustig und manchmal auch einfach peinlich.Wir haben uns gefragt, ob es nicht einen Ort gibt, wo Stina sich mit so einem Outfit zeigen kann, ohne dass wir sofort der Mittelpunkt des Interesses aller Anwesenden sind. Ich habe übers Internet versucht, den einen oder anderen seriösen Swingerclub zu finden, und wir haben auch verschiedene besucht. Aber das, was wir da erlebt haben, war eher lustgefährdend als -fördernd. Wir konnten nie sagen: »Jawohl, das ist es.« Wir waren uns einig, dass das nicht unser Ding war, zu schmuddelig und zu risikoreich.

STINA: Es waren auch keine attraktiven Leute da, ich habe zumindest keine gesehen.

JACK: Außerdem haben wir bei unseren drei Clubbesuchen herausgefunden, dass Swingen nicht unser Thema ist. Um nun die Brücke zur Nacht der Masken zu schlagen, und wie wir auf diese Veranstaltung gekommen sind: Da muss ich einem Verkäufer in einem guten Fetischladen danken. Bei einem Einkauf vor mehr als sechs Jahren fragte ich ihn: »Mensch, wo kann meine Frau denn diese tollen Kleider auch mal außerhalb der Wohnung anziehen?« Er musterte uns und gab uns den Flyer von der Nacht der Masken: »Das könnte was für euch sein, die Veranstaltung ist immer auf einem anderen Schloss, sehr geheimnisvoll.« Zwei Tage später war ich auf der besagten Internetseite. Das, was dort zu lesen war, hat uns so begeistert, dass wir spontan die Karten bestellt haben, obwohl wir uns nach unseren schlechten Cluberfahrungen eigentlich geschworen hatten: »In Zukunft bleiben wir zu Hause!« Schon der erste Telefonkontakt war vielversprechend. Der Umgangston war freundlich und ich merkte gleich, dass hier ein guter Stil im Kundenumgang herrschte.

STINA: Wir lernten die Veranstalter später persönlich kennen, die sind sehr nett und sympathisch.

JACK: Zusammen mit der Wegbeschreibung erhält man eine Empfehlung für Hotels in der direkten Umgebung vom jeweiligen Veranstaltungsort. Wir entschieden uns für ein normales Mittelklassehotel. Schon beim Einchecken wurde es interessant. Wir begegneten besonderen Gästen, Paaren, wie man sie in der Öffentlichkeit kaum sieht: Frauen mit extrem hohen Schuhen, an deren Seite gut angezogene Männer. Bevor wir überhaupt auf der Nacht der Masken waren, fiel uns bereits das eine oder andere anregende Detail auf. Dieses Prickeln wurde im Schloss weiter angefacht. Es war definitiv ein großer Unterschied zu allem, was wir bis dahin außerhalb der eigenen vier Wände erlebt hatten. Wir staunten nur. Dort, direkt vor unseren Augen, öffnete sich nicht einfach eine weitere Tür, sondern das Tor zu einer neuen erotischen Welt.

STINA: Ich hatte sofort das Gefühl, unter meinesgleichen zu sein. Bis zu diesem Erlebnis hatten wir eher das Gefühl, sehr exotisch zu sein, denn im Freundeskreis gab es niemanden, der in Sachen Erotik ähnliche Interessen wie wir gehabt hätte. Wir lernen seit dem ersten Abend dort immer wieder sehr nette Paare kennen.

JACK: In den Swingerclubs fehlte uns die Basis mit den anderen Gästen. Weder hatten wir gemeinsame Gesprächsthemen, noch waren das Leute von unserem Schlag. Das Bedürfnis, halb nackt an der Bar zu sitzen, reicht als verbindendes Element nicht aus. Mit der Nacht der Masken haben wir etwas Einzigartiges entdeckt. Dort trifft sich eine bestimmte Klientel. Solche Menschen lernt man normalerweise nicht kennen. Oder vielleicht doch, aber da man nie über seine speziellen erotischen Vorlieben spricht, erfährt man es nicht. Bis zu meiner ersten Nacht der Masken glaubte ich, wir seien das einzige Paar auf dieser Welt, das stilvoll ist, Niveau hat und trotzdem nach einem Ort sucht, an dem es seine Erotik ausleben kann.

STINA: Ich trug an diesem ersten Abend ein Kleid der O, das passt zu dem Stil der Veranstaltung und zu unseren Vorlieben sowieso.

JACK: Ja, ich liebe es, wenn Stina ein O-Kleid trägt, ihre wunderbaren nackten Brüste zu sehen, ist einfach ein Erlebnis. Es stört mich nicht, wenn auch andere sie so sehen.

STINA: Wenn ich darauf keine Lust habe, gehe ich im engen Rock, mit echten Nahtnylons, hochhackigen Pumps und Korsett. Ich finde immer etwas Passendes, denn erotische Kleidung und phantasievolle Kostüme besitze ich ziemlich viele. Das hört Jack jetzt vielleicht nicht so gern, aber in der Zwischenzeit fühle ich mich in Lack und Leder wohler. Am Anfang hatte ich eher die devote Rolle inne, da passte das O-Kleid perfekt, aber das hat sich im Laufe der Zeit ein wenig gewandelt. Auch trage ich die Augenbinde, die früher ein Muss für mich war, nicht mehr jedes Mal beim Sex. Heute möchte ich lieber sehen, aktiv mitmischen und nicht nur passiv dabei sein. Das war eine Zeit lang die Rolle, die mich ausgefüllt hat, aber mittlerweile habe ich eine gewisse dominante Ader in mir entdeckt. Das heißt nicht, dass ich nun jemanden auspeitschen möchte. Das werde ich nie können, da bin ich eher eine, die empfängt. Aber was das Outfit angeht, fühle ich mich inzwischen dominant gekleidet wohler.

JACK: Wobei ich finde, dass du auf der Nacht der Masken diesen klassischen Stil beibehalten solltest. Ein extravagantes Abendkleid oder ein knapp geschnittenes Halbbrustkorsett, dazu echte Nylons und Stilettos – genau dieser elegante Stil macht die Nacht der Masken aus. Für mich kommt bei

»Um Jack zu überraschen, suchte ich mir in einem der herrschaftlichen Zimmer ein Sofa aus, auf dem schon ein Pärchen saß, und erfreute mich meines Vibrators.«

STINA

dem damenhaften Look das Sinnliche noch stärker zum Tragen. Es ist genau diese Art der Erotik, die letztlich auch die Charaktere der Gäste widerspiegelt. Die Abende sind sehr paarbezogen, es ist ein Sehen und sich zeigen. Längst nicht alle haben auf dem Fest selbst Sex. Manche bleiben nach dem Vier-Gänge-Menü am Tisch sitzen oder gehen nur in die Bar.

STINA: Eine Geschichte, die ganz gut belegt, dass nicht jedem hier der Sinn nach Sex steht, habe ich selbst erlebt. Ich bin eine Freundin von Toys und habe immer einen Vibrator und eine Augenbinde dabei. Um Jack zu überraschen, suchte ich mir in einem der herrschaftlichen Zimmer ein Sofa aus, auf dem schon ein Pärchen saß, und erfreute mich meines Vibrators. Jack macht es sehr an, wenn ich mich so für ihn vorbereite. Es bereitet nicht nur mir Spaß, sondern steigert auch seine Lust. Da sagte die Frau neben mir mit pikierter Stimme zu mir, ich solle den Vibrator ausmachen, er sei zu laut, sie möchten sich unterhalten. Da war es mit der Lust vorbei.

JACK: Die Stimmung ist eher, tja ich ringe nach den richtigen Worten, sie ist erotisch, definitiv, aber der Funke springt bei uns nicht so über, dass die Gier in uns geweckt wird und wir gleich an Ort und Stelle Sex haben müssten. Stattdessen kann ich die Vorfreude auf Stina stundenlang genießen und später im Hotelzimmer mit ihr schlafen.

STINA: Das ist bei der Nacht der Leidenschaft, einer weiteren Partyreihe des Veranstalters, die wir mittlerweile auch oft besuchen, schon anders. Da sind wir manchmal so erregt, dass wir in einen der Playrooms gehen, und wenn da schon ein anderes Paar zugange ist, dann legen wir uns einfach in dezentem Abstand daneben, warten also nicht, bis die draußen sind, sondern genießen es, unsere Leidenschaft quasi öffentlich auszuleben.

JACK: Jetzt entsteht vielleicht ein falscher Eindruck. Es ist nicht so, dass sich auf der Nacht der Masken nichts ergeben würde, es gibt dort schon Gäste, die gerne mal Hand anlegen oder mitmachen möchten. Einmal hatten wir einen Herrn bei uns am Tisch, der fragte mich, ob ich was dagegen hätte, wenn er seine Hand auf Stinas Bein legen würde.

STINA: Gott, wie höflich.

JACK: Ja, er hat gefragt, und das gehört selbstverständlich dazu. Die Hand war dann auch zwischen ihren Beinen, und das während des Menüs. Seine Frau fand das in Ordnung und hat interessiert zugeschaut. Für mich brachte diese kleine Einlage das Knistern an den Tisch. Und solche begrenzte Mitmachgeschichten gibt es oft, auch in den Playrooms.

STINA: Das ist echt super, denn wir haben nichts gegen eine fremde Hand oder einen Mund einzuwenden. Die Menschen bei der Nacht der Masken sind meist sehr attraktiv, auch wenn sie zum Teil älter sind als wir. Vor allem sind viele Männer auffallend älter als die Frauen, die sie dabeihaben.

JACK: Ich nehme an, dass sich der eine oder andere Herr von einer Frau begleiten lässt, die er bei einem Begleitservice gebucht hat.

STINA: Auf die Idee bin ich noch gar nicht gekommen. Aber klar, du hast recht! Nicht jeder wird seine Frau zu dem Event mitnehmen! Nun werde ich mich nicht mehr wundern, wenn ich dort eine sehr hübsche Frau mit einem wesentlich älteren Mann sehe.

JACK: Ich würde es nicht machen, obwohl ich nichts gegen Escort-Service habe. Auf der Nacht der Masken steht für mich das Ausleben einer echten Zweisamkeit mit meiner Partnerin, die ich liebe und schätze, im Mittelpunkt. Es geht darum, sich innerhalb der Partnerschaft auszuleben und gemeinsam den Horizont zu erweitern.

STINA: Das sehen wohl auch die meisten Gäste ähnlich, ich habe noch nie so viele glückliche Paare kennengelernt wie hier. Natürlich erleben wir auf einer Party nur Momentaufnahmen der Beziehungen und sicher sind das die besonders positiven Augenblicke, denn ich kann nur auf die Nacht der Masken gehen, wenn die Verbindung stimmt. Wenn ich gerade Beziehungsstress habe, kann ich mir das Geld sparen – es wird nichts Positives dabei herauskommen.

JACK: Wir haben auch schon einmal abgesagt, weil wir in der Woche davor Stress hatten, der sich auf die Beziehung ausgewirkt hatte. Wir waren nicht gut aufeinander zu sprechen und sind lieber zu Hause geblieben. Viele glauben, dass bei denjenigen, die Sex in der Öffentlichkeit haben, die Beziehung kaputt ist, da sonst ja kein Bedürfnis danach bestünde. Die Menschen, die man auf der Nacht der Masken oder der Leidenschaft trifft, wissen in der Regel, dass es genau umgekehrt ist. Nur wenn die Partnerschaft harmonisch ist, wenn beide offen mit ihren Wünschen umgehen können, kann ich mich auf so etwas einlassen. Wir sind hier, weil wir glücklich und gut drauf sind, es ist eine Bereicherung für unsere Beziehung. Außerdem ist der Eintrittspreis sehr hoch, viel zu hoch, um dazusitzen und sich gegenseitig anzugiften. Schön finde ich auch, dass diese Events nicht jede Woche buchbar sind, so bleiben sie für uns wichtige erotische Highlights. Es gibt nur vier oder fünf Termine im Jahr, die tragen wir uns rechtzeitig ein und nehmen sie auch wahr.

STINA: In der Zwischenzeit ist es so, dass wir auch einige der Gäste näher kennengelernt haben und wir uns darauf freuen, sie zu treffen.

JACK: Wir müssen wirklich aufpassen, dass die Veranstaltung sich nicht zum reinen Freundestreffen entwickelt. Sonst reden wir plötzlich darüber, wie es im Urlaub war, welches Motorrad wir uns gerade gekauft haben oder wie es den Kindern geht. Darunter leidet dann die Erotik. Wir denken manchmal, hoffentlich kommen die und die nicht. Nicht weil wir sie nicht mögen …

STINA: Ich habe gerade erzählt, dass wir uns auf die anderen Paare freuen.

JACK: Stimmt, es ist eher mein Problem. Ich muss aufpassen, mich nicht zu verquatschen und gleich wieder über Arbeit und Ähnliches zu diskutieren. Das Knistern ist eindeutig stärker, wenn ich inkognito da bin. Das geht aber nicht, wenn ich mich jedes Mal mit den gleichen Leuten treffe. Es ist schwierig, einerseits treffen wir gern Bekannte, die wir nur bei der Gelegenheit sehen, weil man ansonsten zu weit auseinander wohnt. Aber wir genießen es auch, wenn wir niemanden treffen. Inkognito klingt in dem Zusammenhang natürlich witzig, denn wirklich unerkannt ist man nicht.

STINA: Durch die Maske schon, zumindest ein Stück weit. Von vielen regelmäßigen Gästen weiß ich nicht, welcher Arbeit sie nachgehen, in welcher Stadt sie wohnen oder wie sie mit Familiennamen heißen – und das ist auch egal. Aber ich möchte noch mal klarstellen, dass ich dort definitiv nicht hinfahre, um mich über Alltagskram zu unterhalten. Ich möchte nicht einfach meine Kleidung ändern und dann halb nackt dieselben Gespräche führen wie jeden Tag. Windeln und Spielplatz sind die Killerthemen für jede erotische Phantasie. Wir, Jack und ich, kommen zur Nacht der Masken, um uns ganz bewusst aufeinander zu beziehen.

JACK: Weil uns das Thema ›erotische Veranstaltungen‹ doch sehr beschäftigt, und man sich gerne über das unterhält, was einen beschäftigt, haben wir natürlich auch darüber nachgedacht, bei dem einen oder anderen Paar aus dem Freundeskreis eine Andeutung zu machen. Wir beißen uns aber in der Regel auf die Zunge und machen es nicht. Nicht nur, weil wir befürchten, dass die uns nicht verstehen, sondern auch aus Angst vor dem Gegenteil. Was wäre, wenn der eine oder andere ganz begeistert reagieren würde und wir ihn beim nächsten Mal auf der Nacht der Masken treffen? Sich aufeinander beziehen, wie Stina es sehr treffend ausgedrückt hat, und ein Bekannter, der mal schauen will, wie wir unsere Erotik leben – das passt nicht zusammen. Wenn wir hier sind, schlüpfen wir in eine Rolle, die wir genießen und ausleben möchten. In unserem erotischen Zusammenspiel verkörpert Stina die Edelhure, und ich bin ihr Liebhaber. Der Unterschied, ob ich mit meiner Frau oder meiner Edelhure zusammen bin, zeigt sich bereits in ihrem Äußeren. Wenn ich mit meiner Frau ausgehe, bedeckt ihr Rock mindestens den Strumpfansatz, sie trägt einen Slip, wenn auch nur einen String, und natürlich sind ihre Brüste wohlverhüllt. Besuche ich mit meiner Edelhure die Nacht der Masken, dann sieht das etwas anders aus.

JACK

»Der Unterschied, ob ich mit meiner Frau oder meiner Edelhure zusammen bin, zeigt sich bereits in ihrem Äußeren. Wenn ich mit meiner Frau ausgehe, bedeckt ihr Rock mindestens den Strumpfansatz, sie trägt einen Slip, wenn auch nur einen String, und natürlich sind ihre Brüste wohlverhüllt. Besuche ich mit meiner Edelhure die Nacht der Masken, dann sieht das etwas anders aus.«

Das Gefühl, mit dieser unglaublich erotischen Frau, die so viel Sex-Appeal ausstrahlt, hier zu sein, ist eine Mischung aus Stolz und Lust. Ich bin stolz auf diese umwerfende Frau, die ein geiles Outfit trägt und die Lust in mir weckt. Und ich bin stolz darauf, dass ich diese Lust genießen kann, öffentlich. Also bitte nicht mit dem Stolz verwechseln, den man auch als Besitzer eines Ferraris empfindet. Ich sehe meine Frau nicht als mein persönliches Ausstellungsstück.

STINA: Das Spiel ›Ich bin eine Edelhure‹ haben wir in der Zwischenzeit verfeinert und auch auf Zeiten außerhalb der Nacht der Masken erweitert. An einem vorher verabredeten Abend mache ich mich als Edelhure zurecht, setze mich sexy angezogen in einem Hotel der gehobenen Klasse an die Bar und warte auf zwei oder drei Herren, die Jack für mich organisiert hat.

JACK: Inzwischen sind das meist immer dieselben Herren.

STINA: Die verlässlich sind, Stil und Geschmack haben …

JACK: … und die mit Stina aufs Zimmer gehen und sie ein, zwei Stunden lang wie eine echte Edelhure benutzen. Es macht mich geil, wenn ich weiß, dass sie sich hingibt, und ich nicht dabei bin. Ich komme dann später dazu und genieße entweder, nachdem die Männer gegangen sind, meine private Edelhure alleine oder aber wir nehmen sie noch einmal ausgiebig gemeinsam. Zehn Orgasmen oder mehr sind für Stina so kein Problem.

STINA: Das ist mittlerweile unser Kick.

JACK: Die Edelhure ist die Verbindung zwischen den einzelnen Aspekten unserer gemeinsamen Erotik, weil sich meine Frau in dem einen oder anderen Fall gerne Fremden hingibt. Ich liebe meine Edelhure, für die ich keine tausend Euro bezahlen muss, sondern die meine Frau ist, aber in dieser Rolle in mir all das weckt, was man in einem Mann nur wecken kann.

STINA: Wenn man das Wochenende in so einem Schloss verbringt, denkt man im ersten Moment, jeder lebt hier eine ähnliche Sexualität aus, aber letztendlich sind die Paare sehr unterschiedlich. Jeder ist anders, wir sind in unserem Rollenspiel unterwegs, andere lassen sich auspeitschen und wieder andere suchen Zuschauer beim Sex oder möchten zuschauen. Jeder kann hier machen, was er möchte. Von außen betrachtet würde man uns alle in einen Topf werfen, aber das ist falsch.

JACK: Hier treffen sich alle zu diesen ganz speziellen Nächten, aber daneben hat jeder für sich noch andere Vorlieben, die völlig verschieden sein werden. Unser Fetisch, die Edelhure im Hotel zu benutzen, ist Paaren völlig fremd, die es lieben, sich im Keller auszupeitschen – und umgekehrt.

STINA: Was uns, bei allen Unterschieden im Detail, mit den anderen Gästen verbindet, ist ein besonderes Interesse an Erotik. Jack hält hier schon auch nach Männern für mich Ausschau, er ist da der Macher. Aber wenn in dieser Richtung nichts passiert, ist das auch völlig in Ordnung, denn wir haben noch einen privat organisierten Kreis, in dem wir diese spezielle Lustvariante exzessiv ausleben. Ich bin dort nicht die einzige Frau, die darauf steht, mit mehreren Männern Sex zu haben.

JACK: Ich bin natürlich auch da, die anderen Frauen haben ebenso ihre Männer dabei. Die Ehemänner oder Freunde steuern das Geschehen maßgeblich mit. Ich weiß in der Regel, welcher Typ Mann meiner Frau gefällt, wem sie sich gerne hingeben wird und wer eher nicht infrage kommt.

STINA: An diesen Abenden komme ich auf acht bis zehn Männer.

JACK: Auch wenn das eine beeindruckende Zahl ist, geht es nicht darum, Stina jedem x-beliebigen Mann auszuliefern. Die Männer, die bei diesen Partys zu Gast sein dürfen, sind mithilfe eines persönlichen Interviews ausgewählt worden. Und wir beide treffen daraus noch mal unsere Wahl.

STINA: Wenn man von der Nacht der Masken vielleicht den sexuell Aufgeschlossenen im Bekanntenkreis noch berichten kann, von so einer Vorliebe kann man definitiv keinem erzählen, das kommt nicht gut an.

JACK: Wie fühle ich mich, wenn ich dabei zuschaue, wie Stina mit anderen Männern vögelt? Stolz ist das falsche Wort, obwohl auch das mit reinspielt. Es macht mich heiß, es macht mich an, wenn meine Frau sich anderen Männern hingibt. Es macht mich geil, wenn meine Frau so offen ihre Erotik, nein Lust oder Gier sind in diesem Zusammenhang treffendere Worte, vor meinen Augen mit anderen Männern auslebt. Es weckt ein fast schon unheimliches Verlangen nach meiner Frau. Ich sitze keineswegs teilnahmslos daneben und winke einen nach dem anderen herbei, nein, wir haben ebenfalls Sex miteinander. Dabei. Dazwischen. Danach. Ich hätte mir früher nicht vorstellen können, dreimal hintereinander zu kommen. Aber an solchen Abenden, wenn die Lust in mir kocht, kann ich das. Und da ich selbst so intensiv teilhabe, fühle ich mich auch nicht betrogen.

»Jack hält hier schon auch nach Männern für mich Ausschau, er ist da der Macher. Aber wenn in dieser Richtung nichts passiert, ist das auch völlig in Ordnung.«

STINA

»Jeden Orgasmus, den meine Frau hat, genieße ich mit, und fünfzehn Orgasmen kann sie nur haben, wenn andere Männer mit im Spiel sind.«

JACK

STINA: Ich hingegen kann mir nicht vorstellen, dass mein Mann mit einer anderen Frau vögelt. Das möchte ich definitiv nicht.

JACK: Das ist auch nicht mein Anliegen. Als wir die ersten Schritte in diese Richtung gegangen sind, war das ihre Befürchtung …

STINA: Ja, stimmt. Ich habe gesagt: »Du willst jetzt, dass ich was mit anderen Männern mache, weil du später andere Frauen willst. Nur deshalb gönnst du mir das.«

JACK: Aber darum ging es mir nie. Es turnt mich ja nicht an, dass sie was mit andern Männern macht, sondern dass sie dabei so scharf ist. Ich habe über unsere Verbalerotik gemerkt, wie sehr es Stina schon in der Phantasie anmacht, sich auch anderen Männern hinzugeben. Erst daraufhin bewegten wir uns vorsichtig in diese Richtung.

STINA: Ich erfahre an diesen Abenden tiefste Befriedigung, einmal hatte ich fünfzehn Orgasmen.

JACK: Jeden Orgasmus, den meine Frau hat, genieße ich mit, und fünfzehn Orgasmen kann sie nur haben, wenn andere Männer mit im Spiel sind.

STINA: Für die Männer, die wir suchen, stehe ich als Frau im Vordergrund. Sie ziehen ihre eigene Erregung aus dem Gefühl, mich zu befriedigen. Manche bekommen selbst keinen Orgasmus. Sie sind unglaublich selbstlos, das ist toll. Am Anfang fiel es mir schwer, mich so fallen zu lassen, weil ich dachte: »Mhm, was denkt Jack dann wohl von mir?« Mittlerweile fühlen wir uns beide gut dabei. Jack und ich haben viel Blickkontakt miteinander, das ist wichtig. Ich erkenne in seinem Blick, wie er Lust bekommt, ich habe sowieso Lust, alles zusammen ist total irre. Von so etwas hätte ich früher nicht einmal zu träumen gewagt. In der Zwischenzeit geniere ich mich gar nicht mehr. Weder auf der Nacht der Leidenschaft noch auf der Nacht der Masken noch für meine Abende mit vielen Männern. Ich habe am anderen Tag kein schlechtes Gewissen, weil ich so hemmungslos war. Ganz im Gegenteil, ich fühle mich gut. Aber als wir uns in diese Richtung vorgetastet haben, hatte ich ein schlechtes Gewissen. Dieser Zwiespalt: »Darf ich das? Ist das richtig?«

JACK: Diese Zweifel entstehen, wenn man Lust auf etwas hat, das den gängigen Moralvorstellungen widerspricht. Davon muss man sich frei machen und sich dann die Frage stellen: Kann ich morgens trotzdem noch in den Spiegel schauen? Das ist es. Kannst du, wenn du dich im Spiegel erblickst, trotzdem – oder vielleicht sogar gerade dann – sagen, ja, das bin ich? Dann genieße es!

STINA: Mein größtes Problem war eigentlich, dass ich nicht verstanden habe, warum mein Mann es zulässt, dass ich mit anderen Männern ficke. So was darf es eigentlich nicht geben, das schickt sich nicht. Wie kann das sein?

JACK: Wie kann ich sie dann lieben? Wer lässt schon seine Frau von anderen ficken und sagt trotzdem, dass er eine intakte Beziehung hat und dass er verliebt ist?

STINA: Genau, wie kann er mich überhaupt lieben? Umgekehrt könnte ich es nur ertragen, wenn ich Jack nicht lieben würde. Nur dann könnte ich ihm erlauben, mit anderen Frauen zu vögeln. Meine Einstellung übertrug ich auf ihn.

JACK: Ich bin nicht der Einzige, der diesen Fetisch hat, ich nenne es mal Fetisch, Lust daraus zu ziehen, dass die Frau genussvoll von vielen befriedigt wird. Jeder Mann hat andere Talente, unterschiedliche Fingerfertigkeiten, vögelt ein bisschen anders. Stina geht dann so ab, für einen Mann allein wäre das eine unlösbare Aufgabe. Ich hatte das erste Mal Angst davor, gar keine Frage. Ich wusste auch nicht, ob es mir dabei gut gehen wird. Wir haben vorher viel darüber diskutiert.

JACK: Früher haben wir auch alle Feste und Veranstaltungen, die wir besuchen, miteinander verglichen und gesagt: »Oh schade, da war nichts, noch nicht mal eine Hand.« Oder: »Da hätte ich gerne was gewagt, aber es kam einfach kein entsprechendes Signal.« Aber wir haben dann recht schnell gemerkt, dass unser Anspruch falsch ist. Gerade die Nacht der Masken ist eben keine Party, wo man immer davon ausgehen kann, Mitspieler zu finden.

STINA: Die Veranstaltungen haben mich selbstbewusster gemacht, ich bin nicht mehr nur devot. In der Anfangszeit konnte ich nur Lust empfinden, wenn Jack alles bestimmt hat. Das fand ich toll. Nicht im Alltag, aber beim Sex.

JACK: … angekettet sein, mit verbundenen Augen, und dann passierte etwas.

STINA: … mich hingeben.

JACK: Mittlerweile organisiert Stina mit und sieht gerne, was geschieht. Sie nimmt sich den Sex, den sie möchte. Vorher hat sie es mehr in meine Hände gelegt und darauf vertraut, dass ich weiß, was ihr guttut. Und das ist immer schwierig: Frauen glauben zwar gern, es stehe ihnen auf der Stirn geschrieben, was sie erleben möchten, aber so eindeutig sind die Signale dann manchmal doch nicht. Das ist nach acht Jahren Beziehung einfacher geworden, auch weil Stina in der Zwischenzeit ihre Bedürfnisse verbalisiert.

STINA: Dadurch bringt man sich gemeinsam nach vorne.

JACK: Weil wir beide nun die Erotik gemeinsam steuern und oft und gern darüber sprechen, wo es langgehen könnte.

STINA: Mich zu öffnen und fallen zu lassen, fiel mir am Anfang schwer, weil ich in meiner ersten Ehe oft zurückgewiesen wurde. Ich dachte immer, dass es an mir liegen muss, wenn der Mann mich nicht begehrt. Ich sei nicht hübsch genug, ich sei zu dick. Als ich Jack traf, war ich sofort devot, allerdings nicht im Sinne von SM.

JACK: Wir haben eine kleine Gerte, die setzen wir ab und zu ein. Aber ich kann keine harten Schläge austeilen. Insofern bleibt es zwischen uns bei der sanften Härte, die mal die Brustwarzen und mal den Po oder die Oberschenkel trifft, aber nie Striemen bildet oder richtige Schmerzen verursacht. Ich stehe gar nicht auf Schmerz.

STINA: Ich stehe schon auf eine gewisse Härte.

JACK: … eher auf Dominanz …

STINA: Zumindest bin ich leidensfähig. Ich weiß noch nicht, wie weit ich gehen kann, aber dass ich nicht der Typ Frau bin, für den Blümchensex die Erfüllung darstellt, haben wir ja gemeinsam schon herausgefunden.

JACK: Weil Stina es schon gerne mag, wenn ein Mann sie dominant mit der Peitsche bearbeitet, mir das aber nicht so liegt, hat Stina auf einer früheren Nacht der Masken einen Mann angesprochen, der sehr dominant mit seiner Frau umgegangen war. Ich weiß, das klingt komisch, aber ich liebe sie zu sehr, als dass ich mit der Peitsche an sie ran möchte. Deshalb fragte ich ihn, ob ich ihn nicht für meine Frau ausleihen könnte, damit er ihre Grenzen sucht.

STINA: Die Frau hat gefragt, ob sie dabei sein darf, und das habe ich so verstanden, dass sie den Mann nicht mit mir allein lassen will. »Natürlich darfst du dabei sein«, habe ich deshalb geantwortet und meinte …

JACK: … zuschauen!

STINA: Das Treffen selbst fand dann am nächsten Abend auf der Nacht der Leidenschaft statt. Da stellte ich dann fest, dass die Frau ganz andere Pläne hatte: Sie wollte keineswegs nur beobachten. Bis zu diesem Zeitpunkt hatte ich nie das Gefühl, dass ich bi sein könnte. Ich hatte zwar nichts dagegen, wenn eine Frau mal eine Hand bei mir aufgelegt oder mich gestreichelt hat. Aber ich kann nicht sagen, dass solche Berührungen mein Lustempfinden gesteigert hätten oder dass ich das Bedürfnis verspürt hätte, mich zu revanchieren. Im Gegenteil, spätestens an diesem Punkt scheiterte es dann.

JACK: Aber das änderte sich bei diesem Erlebnis, denn die Frau war letztendlich der aktive Part. Und das war für beide Frauen und für uns Männer schön. Man erlebt also auch noch nach Jahren Neues.

STINA: Ich finde es gut, dass es nicht mein eigener Mann war, der meine Schmerzgrenze gesucht hat.

JACK: Wir beschränken uns auf einfache Dinge wie Klammern an den Nippeln und den Schamlippen.

STINA: Alles nur so weit, wie es Spaß macht und Lust bereitet. Definitiv nichts, wozu ich mich zwingen muss.

JACK: Versuch mal jemandem zu erklären, dass Frauen Klammern an den Nippeln und an den Schamlippen Spaß machen können. Da sieht man, wie weit wir schon sind, dass das für uns nichts Besonderes mehr ist. Andere sagen da: »Bitte? Klammern an den Nippeln? Aua!«

STINA: Jeder hat eben sein eigenes, sehr individuelles Lustempfinden.

JACK: Der Morgen danach im Hotel ist auch toll, da erleben wir oft noch lustige Sachen. Wir genießen das Frühstück, gerne auch zwei Stunden, um uns mit den Paaren zu unterhalten, die wir am Abend zuvor auf der Party kennengelernt oder beobachtet haben. Es ist der krönende Abschluss des Erotikwochenendes.

STINA: Uns überrascht jedes Mal, wie viele der Paare Kinder haben und trotz anstrengendem Beruf ihre Prioritäten so setzen, dass sie Freitagmittag schon anreisen, um bei diesen Partys dabei zu sein. Allerdings kann sich die Klientel, die hierherkommt, auch einen Babysitter für ein Wochenende leisten.

JACK: Hier trifft sich eher die Mittel- und Oberschicht, das ergibt sich schon über den Eintrittspreis, aber was ist falsch daran?

STINA: Das ist der Werdegang unserer Beziehung, und der erfüllt mich mit Stolz.

JACK: Wir freuen uns über das, was wir haben, wir freuen uns auf das, was noch möglich sein wird. Der Bereich der Erotik ist eben weitaus vielfältiger, als sich das die meisten Menschen überhaupt vorstellen können. Auch als ich mir das hätte vorstellen können.

SABAH, JEAN-PIERRE, OASIS, CLAUDE UND VALMONT

Ich bin der Meister der Damen Sabah und Oasis wie Sir Stephen für die O.

Es ist weit nach Mitternacht, als ich Sabah, Jean-Pierre, Oasis, Claude und Valmont zum Gespräch an einen der runden Tische im Rittersaal einlade. Noch ganz unter dem Eindruck ihres Spiels stehend, ist es genau der richtige Moment, um über Erotik und Lust zu plaudern. Sabah und Oasis sind zwei typische Französinnen, ihr Kleidungsstil ist raffiniert und elegant, ihre Röcke aus rosa und blauem Seidentaft schimmern im Kerzenschein, die schwarzen Korsagen betonen ihre schmalen Taillen. Die drei Männer sind sichtlich stolz auf die Frauen und ihnen gegenüber sehr aufmerksam. Valmont erklärt die Besonderheit ihrer Beziehung.

»Dem Ambiente hier wohnt ein besonderer Zauber inne, der uns in eine andere Zeit zurückversetzt, das gefällt uns. Wir fühlen uns wie in einem alten Gemälde, oder besser noch, wie auf dem Schloss Roissy, dem Ausbildungsort der O.«

SABAH

Wir sind gemeinsam auf die Nacht der Masken gekommen. Da meine Freunde nur Französisch sprechen, werde ich das Reden übernehmen. Sabah ist Verkaufsleiterin und Jean-Pierre Jurist. Sie sind Mitte vierzig, beide geschieden. Seit vier Jahren sind sie ein Paar und leben in der Nähe von Lyon. Oasis ist Zahnärztin und Claude Ingenieur. Sie sind seit dreiundzwanzig Jahren verheiratet und leben in Paris. Ich bin Anfang fünfzig, Geschäftsführer eines Luxusunternehmens und wohne in der Schweiz.

Die Idee, auf die Nacht der Masken zu gehen, kam von mir. Ich kannte das Fest schon von einigen Besuchen und wollte, dass wir den Abend dieses Mal gemeinsam erleben. Ich bin der Meister der beiden Damen Sabah und Oasis und der Spielführer aller. Meine Wahl fiel auf diese Veranstaltung, weil ich das Ambiente hier mit Roissy verbinde. Roissy ist ein Schloss in Frankreich, auf dem die Geschichte der O spielt. Ich habe den Roman nicht nur einmal, sondern mehrmals gelesen. Es ist ein erotisches Buch, das Mitte der fünfziger Jahre in Frankreich erschienen ist. Pauline Réage hat es geschrieben. Ich finde die Geschichte sehr, sehr schön und bin immer wieder erstaunt, dass der Roman in Deutschland eine solche Verbreitung gefunden hat. In Frankreich haben ihn sicher weniger Menschen gelesen. Dem Thema der O begegne ich überall auf der Nacht der Masken. Auch Claude und Jean-Pierre kennen den Roman. Wir sehen uns in seiner Tradition, wir lieben das Thema der O. Die Rollen sind ganz klar, wir sind die Herren – die Frauen spielen die devote Rolle. Ich bin der Meinung, dass der Ehemann nicht der Herr seiner Ehefrau sein kann. Es ist fast unmöglich, es kann eigentlich nicht gelingen, der Konflikt zwischen den Rollen wäre zu groß. Deshalb haben sich Jean-Pierre und Claude auch dagegen entschieden, aber es erregt sie, dass ihre Frauen dennoch einen Herren haben. Es beflügelt ihre Phantasie. In diesem besonderen Verhältnis, das wir zueinander haben, gibt es nicht nur eine Beziehung zwischen dem Herrn und der Frau, sondern auch eine zum Ehemann. Die Ehemänner spielen eine wichtige Rolle, ob sie mit anwesend oder nur darüber informiert sind, was ich plane, wobei allerdings die sexuelle Beziehung zwischen den Frauen und mir besteht.

Dem Ambiente hier wohnt ein besonderer Zauber inne, der uns in eine andere Zeit zurückversetzt, das gefällt uns. Wir fühlen uns wie in einem alten Gemälde, oder besser noch, wie auf dem Schloss Roissy, dem Ausbildungsort der O. Die Tafel war schön gedeckt, das exzellente Abendessen ein Teil unseres Genusses. Das Niveau der Gäste ist hier sehr hoch, alle sind höflich und attraktiv. In Frankreich gibt es zwar kleine, privat organisierte Veranstaltungen, aber ein solch halböffentliches Fest wird nur hier in Deutschland gefeiert. Ich kenne nichts Vergleichbares. Sabah und Oasis sind glücklich, dass ich sie an diesen stimmungsvollen Ort führte. Im Vorfeld habe ich mich darum gekümmert, dass für sie der Rock der O maßangefertigt wurde. Bei diesem speziellen Kleidungsstück sind die Stoffbahnen unabhängig voneinander, so lässt es sich leicht vorne und hinten öffnen. Der Herr kann die Frau intim berühren, ohne dass sie den Rock auszieht. Um den Hals tragen die beiden ein besonderes Accessoire, ein Byzantin. Das ist kein Schmuck, wenigstens nicht nur, sondern ein Sexspielzeug, das ich von einem Goldschmied aus Gold oder Silber herstellen lasse und auf meiner Website bijou-de-venus vertreibe. Ich habe es Byzantin genannt, weil mich die Form an eine Tür oder ein Türschloss erinnert hat, wie man sie in der byzantinischen Architektur im Vorderen Orient findet.

Das Byzantin funktioniert wie eine süße Zange, die die kleinen Schamlippen hält und leichten Druck auf sie ausübt. Die Schamlippen schwellen an, ihre Empfindlichkeit ist erhöht. Durch die besondere Konstruktion wird am Kopf der Zange der Kitzler, der Schlüssel zum weiblichen Vergnügen, für Liebkosungen und Stimulierungen freigelegt. Es ist ein wunderbares Instrument für das Vorspiel. Schon allein das Tragen des Schmuckstückes als Anhänger an einer Kette um den Hals ist für die Frau ein Versprechen, dass lustvolle Stunden auf sie warten. Und natürlich ist es erregend, den Schmuck öffentlich zu zeigen. Und so waren Sabah und Oasis schon während des Dinners voller Vorfreude und Lust. Um Mitternacht legten wir die Masken ab und sind in die Bar hinübergewechselt. Dort befahl ich den Frauen, sich so auf das Ledersofa zu legen, dass ich ihnen bequem und vor den Augen der anderen Gäste das Schmuckstück an ihren Schamlippen befestigen konnte. Sofort reizte und erregte ich Sabah und Oasis, bin abwechselnd mit dem

Finger und einem kleinen Vibrator in sie eingedrungen. Streichelte die Kitzler mit einer Feder, liebkoste sie mit dem Mund, mit der Zunge, den Zähnen – bis beide Frauen zum Orgasmus gekommen sind. Jean-Pierre und Claude haben zusammen mit den anderen Umstehenden zugesehen. Nun hätte ich das Byzantin wieder abnehmen können, das Blut wäre zurück in die Schamlippen geflossen, auch dieses Gefühl ist sehr intensiv, und wir hätten Geschlechtsverkehr mit ihnen haben können. Aber das war nicht mein Ziel. Oasis hatte beim Abendessen eine Bitte geäußert, die ich ihr erfüllen wollte. Wir sind gemeinsam in die Folterkammer, dort habe ich sie, ihrem Wunsch entsprechend, in Ketten gelegt und gepeitscht. Denn obwohl ich der Herr bin, bin ich auch ihr Diener. Das hört sich paradox an, deshalb werde ich es erklären. Am besten mit den Worten von Vanessa Duriès, einer jungen Literaturstudentin, die Anfang der Neunziger einen autobiografischen Roman veröffentlich hat: *Le lien*, auf Deutsch *Die Fessel*. Ich kann es nicht wörtlich zitieren, sinngemäß schreibt sie: Die Zofen sind die einzigen Frauen, die den Schlüssel zu der Folterkammer haben, in der die Herren sie auf das Niveau von Göttinnen heben.

Man beachte, dass nicht der Herr den Schlüssel besitzt. Sie hat auch gesagt: Wenn der Mann bestimmen würde und sie wäre nicht einverstanden, wäre es eine Vergewaltigung. Sie hat also eine umgekehrte Vorstellung von der Beziehung zwischen Herr und Zofe, als man herkömmlich annimmt, dass sie sich gestaltet. Da sie ein oder zwei Jahre lang eine intensive Beziehung mit ihrem Herrn gelebt hat, wusste sie genau, worüber sie schrieb.

Ihrer Auffassung schließe ich mich an. Es ist ein wichtiges Buch, jeder Herr sollte es lesen, denn es ist ein Irrtum zu glauben, dass der dominante Mann auf diese Weise seinen Machthunger befriedigen könnte. Nein, im Gegenteil, wenn er ehrlich ist, erkennt er an, dass er die Rolle spielt, die die Frau ihm zugedacht hat. Er ist der Herr, aber nur wenn die devote Frau es

»… die Phantastereien der Meister sollen sie in den Stand von Göttinnen erheben. Sie warten darauf, dass der Herr ihnen enthüllt, was Gott oder der Teufel ihnen mitgegeben hat. … Ein Blick von ihr, ein einziges, winziges Zeichen treibt das Spiel weiter voran oder beendet es binnen eines Wimpernschlages – sie wird zur Göttin.«

VALMONT

will. Sie ist letztendlich diejenige, die befiehlt. Nun sagt die Frau allerdings nicht deutlich, was sie will – deshalb ist es meine Aufgabe, ihre Wünsche zu entschlüsseln. Es liegt in meiner Verantwortung zu spüren, was sie möchte. Daraufhin bestimme ich das Spiel. Ich gehe Stufe für Stufe voran und achte darauf, keine rote Linie, keine Grenze in ihr zu überqueren. Eine solche Grenze zu überschreiten, hieße, das Vertrauen der Frau zu missbrauchen und es im selben Augenblick für immer zu verlieren. Wie bei einer kostbaren Vase: Ist sie einmal zerbrochen, können auch Reue und Entschuldigungen sie nicht wieder zusammenfügen. Aufgrund dieser Vorsicht führe ich sie manchmal nicht bis zu ihrer Grenze, aber das ist mir lieber, als dass ich auch nur einen einzigen Schritt zu weit gehe. In der Dominanz gibt es kein ›Sorry‹. Devote Frauen teilen die Männer in zwei Kategorien ein: die Herren und die anderen. Die anderen, das sind die Liebhaber, die Ehemänner, die Väter der Kinder. Mit ihnen leben sie ihre ›normale‹ Rolle als Frau. Sie heiraten, sie lieben, sie leben an der Seite ihrer Männer als Frau und Mutter.

Von den Herren erwarten sie etwas anderes, die Phantastereien der Meister sollen sie in den Stand von Göttinnen erheben. Sie warten darauf, dass der Herr ihnen enthüllt, was Gott oder der Teufel ihnen mitgegeben hat. Nur die Meister können ihnen ihren Teil des Schattens zeigen, der im Kontext der

Dominanz zu Licht wird. Er peitscht sie, fesselt sie, zwingt sie auf die Knie. Durch ihre Qual, ihre Erniedrigung wächst ihre Macht. Ein Blick von ihr, ein einziges, winziges Zeichen treibt das Spiel weiter voran oder beendet es binnen eines Wimpernschlages – sie wird zur Göttin. Die Frauen können für ihre Herren Liebe empfinden, aber häufiger handelt es sich um eine Art von Verehrung. Zwischen Herr und devoter Frau herrscht eine interessante und faszinierende Beziehung, die Göttin verehrt den Priester, den Priester ihres eigenen Kults. Eine Frau sollte nicht ihr Leben lang nur Ehefrau und Mutter sein, eines Tages muss sie über diese Ebene hinauswachsen. Spätestens wenn sie vierzig ist, sollte sie die Sexualität und deren Macht für sich entdecken und sich entwickeln, denn das Potenzial, das sie besitzt, ist enorm. Vanessa Duriès schreibt in *Le lien*, dass es ein wunderschönes Gefühl sei, Tabus, die wir haben, wegzuschmeißen und in die Freiheit zu gehen. Auch in dieser Frage bin ich einer Meinung mit ihr. Besonders auf dem Gebiet der Sexualität ist die Erziehung für die Frauen wie ein Gefängnis. Die Machomänner der Vergangenheit haben in der Frau das Potenzial zur Göttin gespürt und mithilfe der Erziehung in einen Käfig aus Regeln eingesperrt. Eine dieser Regeln lautet: Frauen sollen als Jungfrau in die Ehe gehen und nur einem Mann treu sein. Die Machomänner der Gegenwart haben immer noch die gleiche Angst vor dem Vergleich wie ihre Vorfahren. Dabei ist diese Befürchtung idiotisch, jeder Mann kann einer Frau etwas anderes geben, der Mann ist komplementär zur Frau, er ist die Ergänzung zu ihr.

Zuerst habe ich Sabah und Jean-Pierre kennengelernt. Sabah wollte einen sehr persönlichen Anhänger bei mir bestellen, den Schmuck der Venus. Bjiou de Venus, so nenne ich ihn, denn Venus ist die Göttin der Liebe und der Leidenschaft. Der Schmuck ist für sie und für die Frauen, denn sie sind alle Töchter von Venus. Die Frau, die ihn möchte, bekommt eine Nachbildung von ihrem Kitzler und ihren Schamlippen aus Silber, Gold oder Platin. So etwas zu tragen finde ich nicht obszön oder exhibitionistisch. Im Gegenteil, ich finde das Geschlecht der Frau sehr schön, es ist ein Symbol für den Ursprung des Lebens.

Um eine solche Reproduktion herstellen zu können, muss ich die Frau treffen, denn es handelt sich um Maßanfertigungen. Ich mache einen Abdruck mit einem Material, das auch Zahnärzte benutzen. Während des Abdruckes sollte die Frau erregt sein, dann ist die Klitoris geschwollen und deutlich sichtbar. Diesen gieße ich mit Wachs aus, und sobald er erkaltet ist, kann ich ihn bearbeiten. Das Wachsmodell gebe ich dann zum Juwelier, und der macht den Anhänger aus dem gewünschten Edelmetall. Es ist ein Hobby von mir. Beruflich habe ich auch mit Luxus und Schmuck zu tun, aber ich bin kein Goldschmied.

Jeder Anhänger hat seine eigene Geschichte, jede Frau erinnert sich genau daran, wie er gemacht wurde, was im Einzelnen passiert ist. Ihre Erregung ist für immer in dem Schmuck, der Schmuck ist ein Symbol dafür. So ist es Lust in Ewigkeit. Mir ist es lieber, wenn der Mann dabei ist, vor allem wenn ich keine Beziehung zu der Frau habe. Er kann mir helfen, denn die Stellung, in der ich den Abdruck abnehmen muss, ist für die Frau schwierig zu halten. Ihr Geschlecht muss in der Horizontalen sein. Außerdem ist der Schmuck häufig auch ein Geschenk für den Mann, deshalb ist es wichtig, dass er dabei ist. Sabah kam also mit Jean-Pierre für ihren Bjiou de Venus. Wir erstellten eine Wachsvorlage, und ich erzählte von meiner Website, auf der es auch eine Fotogalerie gibt. Dort zeige ich Szenarien mit Frauen, die ich immer wieder bei dem Fotografen Jean-Paul Four veranstalte, hauptsächlich Bondage und SM. Die beiden waren begeistert, vor allem Sabah, sie lässt sich sehr gern fotografieren. So organisierte ich eine Fotosession mit Jean-Paul Four. Die Fotos sind jetzt auf meiner Website zu finden, man sieht, wie ich Sabah rasiere und schlage. Bondage-Fotos sind ebenfalls dabei. Das war sehr lustvoll für sie, Sabah ist so begeistert von dieser Erfahrung gewesen, dass sie mittlerweile schon zwölf Mal bei dem Fotografen war, einige Male auch ohne mich.

Zusätzlich entwickle ich immer wieder private Szenarien. Ich organisiere dabei den Ort, an dem sie stattfinden, das Licht, die Musik. Bei diesen sehr intimen erotischen Spielen entstehen weitere Fotos. Wenn Jean-Pierre nicht dabei ist, mache ich Hunderte Fotos von Sabah, und er bekommt dann anschließend die Bilder. Jean-Pierre liebt es, wenn ich seine Frau inszeniere. Diese Momente sind außerhalb der Zeit, auch wenn er nicht dabei ist, fühlt er eine Mittäterschaft. Er ist stolz, Sabah so strahlend und glücklich in den Szenarien zu sehen. Er ist nicht eifersüchtig oder frustriert, im Gegenteil, es verstärkt die Gefühle, die er für Sabah empfindet. Es geht in diesen Situationen nicht um Partnertausch, danach suchen beide nicht. Die Entdeckung von sinnlichen und neuen Praktiken durch mich oder die erotischen Foto-Sessions mit Jean-Paul Four fachen ihre Lust an. Oft vergleicht Jean-Pierre sich mit Kandaules, dem sagenhaften König von Lydien. Von ihm erzählt man, dass er auf die Schönheit seiner Frau Nyssia so stolz gewesen sei, dass er sie seinem Jugendfreund nackt gezeigt habe. Der Mann wird erregt, indem er seine Gefährtin oder Bilder von ihr ausstellt. Diese Praxis ist weiter verbreitet, als man denkt. Im Französischen wurde dafür der Begriff ›candaulisme‹ geprägt. Ein Szenario, das ich für Sabah, Jean-Pierre und mich inszeniert habe,

»Frauen sind im Sexuellen viel reicher als Männer. Sie können an einem Abend viele Orgasmen haben.

…

Aber drei oder vier oder fünf Partner – das kann für eine Frau eine wundervolle Erfahrung sein.«

VALMONT

war ›La nonne lubrique‹ – ›Die geile Nonne‹. Es ist von entscheidender Bedeutung, dass wir ein Thema haben, um in das Außergewöhnliche einzutauchen, und da mich das Hotel, in dem das Treffen stattfinden sollte, an den Wohntrakt eines Klosters erinnert hat, kam mir die Idee mit der Nonne. Ich bin vor den beiden angekommen. Jean-Pierre hat dann Sabah mit verbundenen Augen auf mein Zimmer geführt, wo ich ihr das Byzantin angelegt, ihre Brüste mit Seilen abgeschnürt, sie mit gespreizten Beinen auf ein Sofa gebunden und sie gepeitscht habe. Aber ich habe sie auch außerhalb des Zimmers für die Fotos inszeniert. Sie durfte kein Höschen unter ihrem Rock tragen, nur einen Strumpfhalter und schöne Strümpfe. Überall sollte sie ihr Geschlecht entblößen und uns ihre geschmückten Schamlippen zeigen, auf der Treppe, im Salon des Hotels, in einer kleinen Fensternische. Wir spielten die ganze Nacht und sind dann im Morgengrauen zu dritt miteinander ins Bett.

Mit Oasis und Claude sind die Treffen und Spiele anders. Die beiden haben schon viel Erfahrung. Vor zehn Jahren hatte Claude entschieden, dass sie ihr Sexualleben bereichern sollten. Er schlug vor, sich der Libertinage anzuschließen. In Frankreich bezeichnet man damit eine Szene von Menschen, die einen ausschweifenden Lebenswandel führen und sich nicht an die traditionellen sexuellen Normen gebunden fühlen. Die Swingerszene zählt da ebenso dazu wie die BDSM-Szene. Am Anfang war es für Oasis sehr schwierig, sich auf den Gedanken einzulassen, aber schon die erste konkrete Erfahrung war positiv. Sie meint, dass man eine offene Einstellung dazu braucht und dass es dann gelingen kann. Das französischen Wort ›libertinage‹ bedeutet Ausschweifung und enthält das Wort ›liberté‹ – Freiheit. Libertinage ist Freiheit. Heute sagt sie, dass es ihre Paarbeziehung gestärkt hat. Sie besuchen verschiedene Kreise und Treffen, eher Swinger- als SM-Partys. Oasis verbindet mit den Paaren, die sie und ihr Mann treffen, auch andere Gemeinsamkeiten, nicht nur Sex. Frauen sind im Sexuellen viel reicher als Männer. Sie können an einem Abend viele Orgasmen haben. Eine Frau mit mehreren Männern, das finde ich ganz normal. Nicht gerade zehn oder fünfzehn, das sind Gangbang-Phantasien, und die sind wieder eine Geschichte für sich. Aber drei oder vier oder fünf Partner – das kann für eine Frau eine wundervolle Erfahrung sein. Die männliche Vielzahl ist für eine Frau natürlicher als die weibliche Vielzahl für einen Mann. Eine Frau kann einen ausschweifenden Abend mit mehreren Liebhabern verbringen und mit jedem von ihnen zum Orgasmus kommen. Für einen Mann ist das anatomisch völlig unmöglich, so sehr er sich das vielleicht auch wünschen mag.

Oasis hatte mich angeschrieben, um ein Bjiou de Venus machen zu lassen. Aber wir fanden keinen Termin, immer wieder kam etwas dazwischen. So verging fast ein Jahr. An Neujahr verschicke ich an alle meine bestehenden und potenziellen Kunden ein schönes erotisches Foto als Neujahrsgruß. Auf einem war Sabah mit dem Byzantin zu sehen. Oasis hat sofort darauf geantwortet, dass dies ein sehr anregendes Foto sei, und mich gefragt, ob ich diese Frau kennen würde. »Ja«, habe ich erwidert, »ich kenne die Frau, ich bin ihr Meister. Ich kenne auch ihren Mann, und wir vertiefen uns immer wieder in solche Szenarien.« Diese Geschichte hat sie fasziniert, außerdem gefiel ihr Sabah, sie fand sie sehr hübsch und attraktiv. So schrieb sie erneut: »Die Libertinage hat neue Türen in mir geöffnet. Jetzt habe ich Lust, noch mehr Neues zu entdecken.« Daraufhin habe ich ein Treffen auf einem Schloss arrangiert, zum einen um den Abdruck von Oasis Schamlippen zu nehmen und zum anderen, damit sie Sabah kennenlernen konnte. Das war das erste Mal, dass wir uns zu fünft trafen. Sabah half mir, den Abdruck zu nehmen. Es entstand ein kleines Spiel zwischen uns. Oasis ist bisexuell, Sabah eigentlich nicht. Ich befahl beiden Damen, sich nackt auszuziehen. Auf Oasis' Oberschenkel befestigte ich einen Dildo, dann befahl ich Sabah, sich daraufzusetzen. Oasis streichelte Sabah, während sie auf dem Dildo hinauf- und hinunterglitt, und Sabah kam vor unseren Augen zu einem sehr intensiven Orgasmus. Ich habe Fotos gemacht, so ist auch mit dem Schmuckstück von Oasis eine eigene Geschichte verbunden.

Mit Oasis und Claude bin ich noch nicht so lange zusammen, ich taste mich noch langsam an ihre Träume und Wünsche heran. Mein Ziel ist, sie so viel Lust wie möglich empfinden zu lassen. Von Treffen zu Treffen lerne ich sie besser kennen und erfahre immer mehr darüber, was sie erregt. Am Anfang wollte sie nicht gepeitscht werden, sie wollte Stufe für Stufe dorthin geführt werden. Also habe ich ihr per Mail einige Anweisungen gegeben: Sie sollte mich in einem Park in einem Dorf außerhalb von Paris treffen und einen sehr kurzen Rock tragen. Im Park schickte ich ihr eine SMS. Ich hatte dort ein Geschenk, ein paar schöne Dessous, versteckt. Die sollte sie finden und anziehen. Mit der nächsten SMS wies ich sie an, sich auf eine bestimmte Bank zu stellen und in eine vorgegebene Richtung blickend auf mich zu warten. Ich bin von hinten an sie herangetreten, zog ihr den Rock aus und peitschte sie dort im Park, vor allen anderen Spaziergängern. Danach vertraute sie mir an, dass sie bis zu dieser Erfahrung geglaubt hätte, alles bereits erlebt zu haben. Aber wenn die Libertinage sie schon wie eine Blume geöffnet habe, dann sei diese Blume durch die Treffen mit mir voll aufgeblüht. Aber

nicht nur sie ist aufgeblüht, auch Claude. Für seine Phantasie ist es wichtig zu wissen, dass sie einem Herrn gehört. Wenn wir uns treffen, weiß er es oder er schaut zu, manchmal ist er ein Komplize. Es ist ganz unterschiedlich. Auch er würde gerne Fotos bekommen, wenn er nicht dabei ist, aber noch erlaubt es Oasis nicht. Aber wer weiß, was noch alles geschehen kann, vielleicht ist sie schon beim nächsten Treffen bereit dazu. Es ist schon geplant, in sechs Wochen wird es so weit sein. Ich habe mir eine schöne Rolle für Claude ausgedacht, diesmal wird auch er Befehle bekommen – das wird seine Überraschung sein.

VIVIAN & MICHAEL

Auf einmal waren wir zu viert, und ich wusste nicht genau, zu wem welcher Körperteil gehörte, aber es war wunderbar.

Sie ist eine zierliche, hübsche Frau mit kurzen rotbraunen Haaren und einem sehr sympathischen Lachen. Während sie von ihrem Beruf als Krankenschwester erzählt, denke ich, dass sich jeder Patient bei ihr sehr wohlfühlen wird. Ihr Ehemann, drahtig, mit grauem Oberlippenbart und stahlblauen Augen, blickt sie immer wieder verliebt an. Die Party beginnt erst in einer Stunde und wir plaudern über ihre Liebe und ihre Erwartungen an den Abend. Am darauffolgenden Tag werden sie mir berichten, ob sie in Erfüllung gegangen sind.

VIVIAN: Michael und ich kennen uns seit sechs Jahren, seit einem Jahr sind wir verheiratet. Jeder von uns hat schon eine Ehe hinter sich, wir haben beide erwachsene Kinder. Mit meinem ersten Mann, der leider gestorben ist, war ich circa zwanzig Jahre verheiratet. Die verschiedenen Aufgaben, die ich als Ehefrau, Mutter und Hausfrau hatte, bildeten die Schwerpunkte in meinem Leben. Jetzt sind die Kinder groß, sie sind aus dem Haus, und seitdem habe ich das Gefühl, mein Leben so gestalten zu können, wie ich möchte. Ich bin Mitte vierzig, Michael ist einige Jahre älter. Ich kann sagen, dass mein Sexualleben erst mit ihm richtig erwacht ist. Diese Offenheit für alles Erotische war in meiner ersten Ehe nicht vorhanden.

MICHAEL: Ich habe mit fünfundzwanzig geheiratet, das war vor der sexuellen Revolution, meine Frau war achtzehn. Da hatte man vor der Ehe noch nichts erlebt, und in der Ehe passierte auch nichts Außergewöhnliches. Die Moralvorstellungen waren ja auch im Deutschland jener Zeit sehr prüde und verklemmt. Dann kam die sexuelle Revolution, und ich habe mich in jeder Beziehung schlaugemacht: Pornos geschaut, erotische Literatur gelesen, Josefine Mutzenbacher – *Die Geschichte einer wienerischen Dirne* zum Beispiel. Wir hatten Kinder, ich habe an meiner Karriere gearbeitet, ein Haus gebaut. Plötzlich war ich dreißig Jahre verheiratet, davon herrschte fünfzehn Jahre tote Hose, was das Sexleben anging.

VIVIAN: Ich kann mir nicht vorstellen, dass dieser Mann fünfzehn Jahre sexuell abstinent gelebt hat. Für mich strahlt er pure Erotik aus.

MICHAEL: Doch, es stimmt leider. Mein Sexualleben in den letzten fünfzehn Jahren meiner Ehe beschränkte sich auf sexuelle Phantasien. Die Scheidung kam, nachdem die Kinder aus dem Haus waren und uns bewusst wurde, dass wir uns völlig auseinandergelebt hatten. Ich war Vertriebsdirektor in einer großen Firma. Mit sechzig ging ich in den Vorruhestand und zurück nach Wien – die Stadt, aus der ich stamme und in die ich immer zurückkehren wollte. Und dann finde ich diese tolle Frau und habe ein Sexualleben, wie ich es vorher nicht gekannt habe, obwohl das Kapitel Sex für mich schon abgeschlossen gewesen war. Den männlichen Bekannten meines Alters ging es ähnlich. Auch wenn bei Männern Sex immer eine große Rolle spielt, so weiß ich auch, dass er oft nur noch in der Phantasie stattfindet. So habe auch ich gedacht: Das war es. Jetzt kann ich all die sexuellen Phantasien ausleben, die sich die letzten dreißig Jahre über angesammelt haben, zum Beispiel in einen Swingerclub gehen. Hätte ich das in meiner Ehe nur angedeutet, dann hätte es geheißen: »Was für Schweinereien stellst du dir denn vor!« Jetzt bin ich dankbar, dass ich das in meinem Alter noch erleben darf. Früher habe ich gedacht, mit sechzig kannst du sowieso nicht mehr – stattdessen fing es mit sechzig erst so richtig an.

VIVIAN: Ich komme aus einem kleinen kommunistischen Land, die sexuelle Revolution fand dort erst 1999 oder 2000 statt. Meine Eltern waren prüde, meine Erziehung war konservativ und streng. Sex war etwas sehr Geheimnisvolles. Wenn man überhaupt pornografische Bilder zu Gesicht bekam, dann waren sie unscharf und so oft kopiert, dass man eigentlich überhaupt nichts darauf erkennen konnte. Ich galt unter diesen Verhältnissen als extrem frivol, nur weil ich zur Entbindung meines ersten Kindes kein Buch über Säuglingspflege mit in die Klinik gebracht hatte, sondern *Decamerone* von Boccaccio. Die Krankenschwestern wunderten sich und sagten: »Jetzt sind Sie eine so nette und intelligente Frau und kommen mit so einem Buch zur Entbindung, das ist nicht in Ordnung.« Sogar der Frauenarzt äußerte sich: »Dies ist nicht die richtige Lektüre für eine angehende Mama.« Ich habe das Buch dann versteckt, um weiteren Diskussionen aus dem Weg zu gehen. Ich lese gerne erotische Literatur. Ich habe noch im Kommunismus die Bücher des Marquis de Sade gelesen, allerdings hauptsächlich deswegen, weil seine Texte von der Zensur verboten waren. Oder Honoré Balzac, dessen schöne Romane auch nicht gerade harmlose Literatur waren, so viele Geliebte, wie er hatte. Sexualität war ein Mysterium, das ich nicht so ausleben konnte, wie ich es wollte, sondern über das ich nur gelesen habe. Aber sie schlummerte in mir und hat sich mit Kraft entfaltet, als ich Michael kennengelernt habe, es war wie eine Explosion. Ich begegnete diesem Mann, und ich, eine fromme und wohlerzogene Frau, wollte sofort mit ihm ins Bett. In der ersten Stunde wollte ich schon mit ihm in seine Wohnung und über ihn herfallen. Ich darf nun alles ausleben, meine Wünsche in Bezug auf Sexualität, aber auch meine

Hobbys. Wir verstehen uns phantastisch. Ich kann kaum glauben, dass es überhaupt so einen Menschen gibt. Wir harmonieren auf jeder Ebene, er ist kein Antagonist, er ist mein bester Freund. Wir streiten nicht, ist das normal? Vielleicht gibt es mal ein kleines Missverständnis, aber nicht eine einzige echte Auseinandersetzung. Ich habe gehört, wenn es zwischen Partnern keinen Streit gibt, sei einer unterdrückt. Aber ich habe nicht das Gefühl, unterdrückt zu werden. Als mein erster Mann vor ungefähr zehn Jahren gestorben ist und ich mit zwei Kindern allein dastand, hätte ich nie geglaubt, dass es mir wieder so gut gehen könnte. Ich war fürchterlich traurig, doch nach einer angemessenen Zeit der Trauer meldete ich mich auf einer Kontaktseite an, um neue Leute kennenzulernen.

MICHAEL: Ich habe in Wien zunächst alleine gelebt und war glücklich mit meiner Einsamkeit. Es hat mir richtig gutgetan, ungebunden und ungezwungen zu leben. Ich verbrachte viel Zeit in Kaffeehäusern, weil man das in Wien eben gerne so macht. Dort blätterte ich immer in den Tageszeitungen und Illustrierten. Dabei ist mir ein Gutschein von jener Kontaktseite in die Hände gefallen. Wenn man jemanden sympathisch findet, klickt man auf dessen Profil. So lernte ich gleich eine Dame kennen, mit der sich ein reger Mailverkehr entwickelte.

VIVIAN: Ich hasse die Dame heute noch.

MICHAEL: Vivian fand mein Profil interessant genug, um es anzuklicken. So haben wir uns kennengelernt.

VIVIAN: Im Internet gibt es solche gut aussehenden, wunderbaren Männer wie Michael, das ist doch phantastisch.

MICHAEL: Wir schickten ein paar Mails hin und her, dann wollte ich Vivian persönlich treffen. Unser erstes Treffen war etwas merkwürdig, Vivian sagte, dass sie eigentlich keine Zeit habe, aber wenn ich sie auf ihrer Erledigungstour begleiten wolle, dann könne ich mitkommen. So habe ich sie zum Supermarkt, zur Post, zur Bank und zu ihrer Mama begleitet.

VIVIAN: Den Schmerz über den Tod meines ersten Mannes habe ich mit Arbeit zu bekämpfen versucht. Nachdem ich zusätzlich zu meiner Arbeit im Krankenhaus einen zweiten Job übernommen hatte, kam ich bestimmt auf eine Sechzig-Stunden-Woche. Ununterbrochen war ich beschäftigt. Die einzige Chance für ihn war eben, mich bei all meinen Erledigungen zu begleiten – wirklich nicht romantisch. Außerdem gab es zu jener Zeit noch einen Mann, der sehr in mich verliebt war und mich sogar heiraten wollte. Ich hatte keine Zweifel, dass eine Beziehung zwischen uns nicht funktionieren kann, weil wir zu verschieden sind. Aber er hatte mich gebeten, ihm eine Chance zu geben und ihn auf einen Urlaub zu begleiten.

MICHAEL: Sie ist dann eine Woche mit diesem Mann weggefahren, und ich habe eine Woche gelitten.

VIVIAN: Ich habe auch gelitten, denn eigentlich hatte ich mich schon am ersten Tag in Michael verliebt. Ich fand ihn attraktiv und sehr anziehend. Den ganzen Urlaub habe ich darüber nachgedacht, wie schrecklich es wäre, wenn ich durch diesen Ausflug, von dem ich doch weiß, dass er zu nichts führen wird, Michael verliere. Als ich wieder zurück war, rief ich ihn sofort an.

MICHAEL: Ich hätte nie damit gerechnet, im Internet die Frau meines Lebens kennenzulernen. Als sie mich anrief, verabredeten wir uns noch am selben Abend, sind uns in die Arme gefallen und haben uns seitdem nicht mehr losgelassen. Wir begannen mit der Erforschung unserer Sexualität, weil wir neugierig aufeinander waren und uns gegenseitig entdecken wollten. Wir sprechen auch viel über unsere Phantasien: Was man sich so vorstellen könnte, welche Ideen man noch hat. Die Suche nach der Sinnlichkeit dient bei uns nicht dazu, ein tristes Eheleben wieder aufzufrischen oder die Liebe neu zu beleben, denn die ist bei uns noch frisch und aufregend.

VIVIAN: Wir gehen gemeinsam in Sexshops, staunen, was es alles für Spielsachen gibt, und ich probiere die schöne Wäsche und Kleidung an. Dafür nehmen wir uns richtig Zeit, gehen hinterher noch einen Kaffee trinken und unterhalten uns über das, was wir gesehen haben. Das sind prickelnde Erlebnisse. Wer dann irgendwann auf die Idee mit dem Swingerclub gekommen ist, wissen wir nicht mehr genau, ich behaupte ja, dass es Michael war.

MICHAEL: Ich gebe es zu, ich war schon immer neugierig auf einen Swingerclub. Wir recherchierten im Internet und sind dann auch hin.

VIVIAN

»Ich war so erregt, unglaublich, und ich schwöre, ich habe nur vom Zusehen einen Orgasmus bekommen.«

VIVIAN: Ich war ziemlich unsicher, wie ich mich verhalten sollte. Deshalb fragte ich kurzerhand die Bardame, und die hat geantwortet: »Seien Sie locker, trinken Sie ein Glas Sekt, lassen Sie Ihrer Phantasie freien Lauf. Es wird sich schon was ergeben.« Zuerst waren wir in den leeren Räumen des Clubs unterwegs, während die anderen Gäste gegessen und getrunken haben. Als wir ans Büfett kamen, war alles schon aufgegessen und die anderen Besucher gingen gerade zum Spielen. Weil wir nichts versäumen wollten, sind wir ihnen, leicht hungrig, gefolgt. Was wir dann gesehen haben, war nahezu perfekt. Zwei Pärchen, junge, hübsche, attraktive Menschen liebten sich vor unseren Augen. Natürlich hatte ich im Film schon Pärchen beim Sex zugesehen, aber das ist etwas anderes als live. Ich war so erregt, unglaublich, und ich schwöre, ich habe nur vom Zusehen einen Orgasmus bekommen. Für mich war der erste Besuch in einem Swingerclub wie ein Feuerwerk. Die Eindrücke waren bombastisch. Die Erregung hielt drei Tage lang an. Michael und ich liebten uns anschließend sofort auf der großen Spielwiese. Ein Herr hätte gerne mitgemacht, aber ich verweigerte mich. Im Großen und Ganzen war ich begeistert, und wir gehen heute noch gerne hin. Einmal haben wir auch Silvester in einem Swingerclub gefeiert.

MICHAEL: Bei der Recherche nach neuen Clubs bin ich über einen Link zur Internetseite der Nacht der Masken geführt worden. Die Gestaltung der Seite hat mich ungemein angesprochen, genauso wie die Idee hinter der Veranstaltung. Zusammen mit Vivian hatte ich den Film *Eyes Wide Shut* gesehen. So war diese Art von Veranstaltung schon in meinem Kopf, und ich dachte, dass es schön wäre, so etwas zu erleben.

VIVIAN: Als er mir die Webseite zeigte, war ich begeistert. Der luxuriöse Rahmen, die Masken, das sprach mich sofort an.

MICHAEL: Vivian behauptet immer, dass sie in einem früheren Leben eine Prinzessin gewesen sei.

VIVIAN: Da bin ich mir sicher, und endlich darf ich auf einem Schloss in schönen Kleidern feiern, wie es sich für eine Prinzessin geziemt.

MICHAEL: Ich hoffe sehr, dass es so stilvoll ist, wie es auf der Internetseite versprochen wird. Die Atmosphäre, die klassische Musik, das schöne Essen, das alles spielt für uns eine wichtige Rolle.

VIVIAN: Wir melden uns häufiger für einen Dinner-Abend an ungewöhnlichen Orten an, zum Beispiel waren wir schon im Museum Leopold bei einem Abendessen zu Gast. Das Drumherum inspiriert uns, das Ausgewählte und Luxuriöse.

MICHAEL: Kurz entschlossen buchten wir. Der Umstand, dass der Veranstaltungsort geheim gehalten und erst nach der Anmeldung bekannt gegeben wird, erhöht den Reiz. Schon die Vorbereitungszeit war lustig und aufregend. Die Frage »Was ziehe ich an?« beschäftigt nicht nur die Frauen. Ich habe einen Smoking dabei, die Weste ist goldfarben und passt gut zu meiner Maske, die wir in Wien gekauft haben.

VIVIAN: Auch der Maskenkauf hat Spaß gemacht; ich wusste vorher nicht, dass es so schöne venezianische Masken gibt. Das Kleid bestellte ich im Internet, es ist golden, darunter trägt man einen Reifrock.

MICHAEL:: Ich habe Vivian in ihrem Kleid und mit Maske zur Erinnerung fotografiert, aber für sexuelle Spiele ist ihr Kleid eher unpraktisch, es ist mehr zum Lustwandeln.

VIVIAN: Deshalb besorgte ich für uns beide solche Umhänge, wie sie im Film *Eyes Wide Shut* getragen werden. Wir werden uns später also umziehen. Michael hat vor, nur den Umhang zu tragen, während ich meine erotische Wäsche anbehalten möchte. Die Maske soll ja bis Mitternacht getragen werden, damit die Runde geheimnisvoll bleibt. Mal sehen, vielleicht lege ich sie gar nicht ab.

MICHAEL: Unsere Vorbereitung betraf aber nicht nur das Äußere. Wir haben uns genau abgestimmt, welche Spielregeln für uns gelten sollen. Aus den Erfahrungen im Swingerclub wissen wir, dass uns das Zuschauen gefällt und unsere eigene Lust weiter angefacht wird, wenn uns jemand beim Liebesspiel beobachtet. Das ist sehr reizvoll für uns.

VIVIAN: Wir haben beschlossen, dass jederzeit einer von uns sagen kann: »Das möchte ich nicht.« Oder: »Ich möchte nicht, dass du weitermachst.« Denn nachher werden wir weiter zusammenleben, wir möchten unsere Beziehung auf keinen Fall gefährden.

MICHAEL: Wir haben auch ausgemacht, dass wir immer zusammenbleiben, keiner darf allein mit einem anderen Partner verschwinden. Und Vivian würde bei der Nacht der Masken gern etwas Neues erleben: Sie fände es sehr reizvoll, eine Frau zu lieben.

VIVIAN: Ja, das stimmt, ich suche eine neue Erfahrung mit einer Frau. Falls sich das heute Abend ergeben würde, wäre das sehr schön. Aber ich weiß nicht, wie es mir dabei gehen wird. Meine Sorge ist, dass ich eine Dame dadurch beleidige, dass ich aufhören möchte – falls es mir nicht gefällt. Michael hat vorgeschlagen, vorher mit der Dame darüber zu sprechen, dass es mein erstes Mal wäre.

MICHAEL: Es werden wohl keine Singlefrauen unterwegs sein, was die Frage aufwirft, was die Männer machen. Zuschauen oder mitspielen? Wir haben gestern verschiedene Szenarien durchgesprochen. Kann sein, dass sich das eine oder andere ergibt, was uns so überrascht, dass wir unsere Regeln brechen werden.

VIVIAN: Wir diskutierten diesen Punkt ziemlich lange. Ich versuchte, mir vorzustellen, wie er eine andere Frau küsst. Ich habe die Befürchtung, dass ich eifersüchtig werde. Mein Problem ist nicht, dass eine Frau jünger, schöner oder attraktiver sein könnte als ich, sondern ich kann mir nicht vorstellen, dass ein bestimmter Teil von Michaels Körper in eine andere Frau eindringt. Welche Gefühle wird das in mir wecken? Das weiß ich eben nicht, und ich möchte nicht, dass wir dann einen bitteren Nachgeschmack mit nach Hause nehmen. Deshalb sind die Regeln sehr fein. Ich kann ihm, wenn es so weit kommen sollte, verbieten, eine andere Frau auf die Lippen zu küssen. Das finde ich doch sehr intim. Oder Sex zu haben.

MICHAEL: Auch ich stecke in einem Zwiespalt. Es ist schmeichelhaft zu sehen, dass meine Frau begehrt wird und andere Männer sich gerne mit ihr beschäftigen würden. Andererseits hätte ich sicher größere Probleme, wenn ein Mann sich zu sehr an meiner Frau erfreut. Ich sehe die Nacht der Masken mehr als etwas für uns beide. Wir haben deshalb auf jeden Fall vor, uns eine große Spielwiese zu suchen und uns als Paar unter mehreren zu vergnügen. Vielleicht ergibt sich schon bei Tisch eine nette Bekanntschaft mit einem Paar, ansonsten sind meine Erwartungen eher unkonkret.

VIVIAN: Ich wünsche mir, wunderschöne Menschen zu treffen. Natürlich sollen sie alle sympathisch sein, die Männer Gentleman bleiben, egal wie viel sie getrunken haben. Die Entscheidung über das, was ich mache, soll immer in meinen Händen bleiben. Ich wünsche mir, dass keiner beleidigt ist, wenn ich sage: »Entschuldigung, ich möchte nicht mehr weitermachen.« Ich hatte im Vorfeld auch schreckliche Phantasien ganz anderer Art. Zum Beispiel, dass die Nacht der Masken nur eine Tarnung für eine gut organisierte Bande von Organschiebern ist. Die uns auf dem Schloss betäuben, sofort operieren und unsere wertvollen Organe wie Leber und Nieren nach Indien verkaufen. Ich glaube das natürlich nicht im Ernst, aber wir haben wirklich niemandem verraten, wo wir hingehen. Wenn wir heute Nacht verschwinden würden, wüsste keiner, wo er uns suchen soll. Wir haben die Verschwiegenheitserklärung unterschrieben und uns daran gehalten. Aber nun genug von Ängsten, stürzen wir uns lieber in das erotische Abenteuer.

Am Tag danach:

VIVIAN: Das große Holztor zu durchschreiten, den mit Fackeln beleuchteten Innenhof zu betreten, das war schon mystisch. Die Atmosphäre auf dem Schloss hat uns sofort gefangen genommen.

MICHAEL: Schade, dass die Wachen am Burgtor und die Damen am Empfang nicht maskiert waren. Das hatte ich erwartet. So kam die Atmosphäre von *Eyes Wide Shut* nicht ganz auf.

VIVIAN: Aber das war nur eine Kleinigkeit, alles andere fanden wir sehr aufregend, das begann schon mit dem Sektempfang in der Bar. Die Masken und Kostüme ließen jeden Menschen noch attraktiver und geheimnisvoller erscheinen.

MICHAEL: Ja, es war toll. Wir sind immer noch ergriffen und werden sicher oft davon sprechen. Es war ein besonderes Erlebnis.

VIVIAN: Wir haben einen wunderschönen Abend verbracht, nein, eine ganze Nacht! Die Zeit ist wie im Fluge vergangen, obwohl wir bestimmt drei Stunden gegessen haben. Es gab vier Gänge, und man konnte zwischen Fisch und Fleisch wählen. Ich habe das Rumpsteak genommen. Es gab die beste Vorspeise, die ich je gekostet habe, ein Steinpilz-Tiramisu. Die Tische waren mit Federboas und Masken dekoriert. Die Zeit zwischen den Gängen wurde uns durch eine kleine erotische Vorführung noch versüßt. Zwei junge Frauen führten ein kleines Stück auf: Die eine war wohl die ungehorsame Kammerzofe, und ihre Herrin bestrafte sie mit Schlägen auf den Popo.

MICHAEL: Unsere Tischnachbarn waren sehr nett, sie haben vom Alter her gut zu uns gepasst. Wie alt sie waren, habe ich natürlich nicht gefragt, ich schätze mal Mitte dreißig bis Anfang vierzig. Sie machten bereits bei Tisch einen gepflegten, aufgeschlossenen und gebildeten Eindruck. Der Herr hatte Probleme beim Essen, weil seine Casanovamaske ihn behinderte. So hatten wir gleich einen Anknüpfungspunkt für ein Gespräch. Als

»Unsere Masken hatten wir tatsächlich die ganze Nacht aufbehalten, nicht weil wir nicht erkannt werden wollten, sondern weil wir es so viel geheimnisvoller und erotischer fanden.«

MICHAEL

alle auf die Spielwiesen strömten, verloren wir sie leider aus den Augen.

VIVIAN: Wie geplant legten wir nach dem Menü unsere Kleider an der Garderobe ab. Michael hatte nur noch den schwarzen Umhang um, während ich mein schwarz-rotes Spitzenhemdchen, den Strumpfhalter mit Strümpfen und High Heels anbehielt.

MICHAEL: Wir schauten uns überall um, spielten da und dort.

VIVIAN: Während wir uns auf einem Lager streichelten und küssten, kam ein Mann zu uns und spielte neben uns mit sich selbst. Als er sich zurückzog, winkte er zum Abschied. Aber ich hatte meine Aufmerksamkeit kaum auf ihn gerichtet, ich weiß nicht mal, wie der aussah.

MICHAEL: Zwischendurch sind wir über den Hof gegangen, um in der Bar etwas zu trinken. Die kalte Nachtluft fühlte sich wunderbar an auf der nackten Haut. Gegen halb fünf saßen wir zufrieden in der Bar. Der heimliche Wunsch von Vivian, eine Frau zu lieben, war nicht in Erfüllung gegangen, aber wir hatten so viele andere Eindrücke gesammelt, dass uns das nicht gestört hat. Unsere Masken hatten wir tatsächlich die ganze Nacht aufbehalten, nicht weil wir nicht erkannt werden wollten, sondern weil wir es so viel geheimnisvoller und erotischer fanden. Jetzt setzten wir sie ab und ich ließ Vivian kurz allein.

VIVIAN: Da setzte sich Mike, unser Tischnachbar vom Dinner, neben mich. Er war allein, seine Freundin Joy hatte sich schon vor zwei Stunden ohne ihn zum Spielen verabschiedet. Das schien ihm dann doch sehr lange zu sein, und er war ein wenig traurig. Ich erzählte ihm, dass ich Joy gerne geküsst hätte. Ich weiß nicht, woher ich den Mut dazu genommen habe, ich war leicht beschwipst. Eine Dame ist ja nie richtig betrunken, aber ich war gesellschaftlich ein bisschen ermüdet, würde ich sagen. Mike erwiderte zu meiner Überraschung, dass seine Freundin mich auch gerne geküsst hätte. Sie hätte den ganzen Abend davon gesprochen, dass sie mich süß fände und dass sie mich unbedingt finden wollte. Wie ging die Geschichte weiter, Liebling?

MICHAEL: Als ich zurückkam, sind wir zu dritt noch mal rüber in den Spieletrakt gegangen und suchten Joy. Da wir sie nicht fanden, haben Vivian und ich noch den Gynäkologen-Stuhl ausprobiert.

VIVIAN: Ja, richtig! Mike war ganz begeistert, aber er durfte nicht mitmachen. Aber nur Zuschauer sein wollte er auch nicht, deshalb ist er wieder gegangen.

MICHAEL: Als wir zurück an die Bar kamen, saßen dort Mike und Joy. Es herrschte schon Aufbruchstimmung, es war ja schon kurz vor Ende, um fünf Uhr sollte Schluss sein. Ich konnte mir nicht vorstellen, dass jetzt noch was passieren würde, also bin ich zur Garderobe. Während ich mich umzog, kam Joy rauf und sagte, Mike habe ihr erzählt, was sich Vivian so sehr wünschen würde. Sie, Joy, würde gern noch mit Vivian zusammen sein, und wir sollten doch noch nicht gehen. Vivian habe sie geschickt, um mir den Vorschlag zu unterbreiten.

VIVIAN: Ich muss gestehen, dass ich doch schon ziemlich viel Absinth getrunken hatte. Als Joy vor mir stand, habe ich nicht lange nachgedacht, sondern sie in den Arm genommen und geküsst. Wir waren so glücklich, dass wir uns gefunden hatten, das war gigantisch. Sie war kleiner als ich, aber so weich und anschmiegsam! Obwohl es schon fünf Uhr war, sind wir wieder in den Spieletrakt gegangen. Joy war schon sehr vertraut mit den Zimmern. Sie hat uns direkt zu einem geführt, das man abschließen konnte. Erzähl Liebling! Wie war das genau?

MICHAEL: Joy hat Kondome verteilt, und dann ging es auf das riesige Doppelbett. Ihr Mädels seid gleich übereinander hergefallen, habt euch vor unseren Augen gestreichelt und geküsst. Mike wollte mitmachen und fragte mich, ob er Vivian verwöhnen darf. Aber ich antwortete, dass ich das eigentlich nicht möchte. Doch dann erregte mich der Anblick der beiden Frauen selber so sehr, dass ich mitspielen wollte.

VIVIAN: Tatsächlich, ich streichelte Joy, und sie war glücklich. Ich konnte sehen und spüren, wie sehr es ihr gefiel. Aber ich wollte sie auch noch an anderen Stellen ihres schönen Körpers streicheln, also habe ich Michael die Stelle überlassen, die ich gerade verwöhnt hatte.

MICHAEL: Vivian zeigte mir deutlich an, wo ich Joy streicheln soll. Da sagte Mike: »Wenn du Joy streicheln darfst, dann darf ich auch Vivian streicheln.« Dagegen war wenig einzuwenden. So habe ich die Regel über den Haufen geschmissen, und wir fanden uns zu viert auf der Matratze wieder.

VIVIAN: Ja, genau, auf einmal waren wir zu viert, und ich dachte, da sind auf einmal irre viele Körperteile, und ich weiß nicht genau, wem was gehört, aber es war wunderbar. Ich schwor Joy sogar ewige Liebe. Plötzlich hat jemand an die Türe geklopft, ein eindeutiges Zeichen, dass wir nun aufhören müssen. Aber das wollte ich nicht, ich hätte bei Gott schwören können, dass ich mich unsterblich verliebt habe und sie sich auch. Wir umarmten uns. Ich weinte. Wir tauschten Adressen und Telefonnummern aus. Joy versuchte mich zu beruhigen, indem sie sagte, dass wir doch gar nicht so weit auseinander wohnen würden. Ich schluchzte, dass ich aber wisse, dass wir uns nie wieder treffen würden. Ich dachte wirklich, ich sei unsterblich in diese wunderbare Frau verliebt. Sie weckte Gefühle in mir, von denen ich noch nicht einmal geahnt habe, dass sie in mir stecken. Sie ist mir sehr nahe gekommen. Das klingt heute unwahrscheinlich kitschig, aber die Gefühle waren so überwältigend. Dann ist noch einmal energisch an die Tür geklopft worden, und wir wussten, nun ist es vorüber.

MICHAEL: Wir waren definitiv die Letzten auf dieser Veranstaltung.

VIVIAN: Das meiste Personal war schon weg, in der Bar wurde aufgeräumt.

MICHAEL: Wir konnten noch das Kleid und meinen Smoking aus der Garderobe holen, dort lagen auch unsere Masken. Wir mussten durch den Hintereingang raus, der letzte Shuttlebus zu unserem Hotel war natürlich auch schon weg. Es war in der Zwischenzeit halb sechs.

VIVIAN: Die Nacht war klar, der dunkle Himmel mit Sternen übersät.

MICHAEL: Wir sind mehr oder weniger halb nackt zum Hotel gelaufen, was gar nicht so einfach war, da es geschneit hatte und die Straße spiegelglatt war.

VIVIAN: Ich hatte mein Kleid nicht wieder angezogen, über dem dünnen Hemdchen trug ich nur das schwarze Cape. Beschwipst vom Absinth und berauscht von meinem Liebesglück bin ich zu Fuß auf meinen High Heels eine Viertelstunde durch diese Novembernacht zum Hotel gewandert.

»Ich musste ihn einfach küssen, obwohl ich Michael versprochen hatte, dass ich das nicht machen werde.«

VIVIAN

Immer wieder bin ich stehen geblieben und habe den schönen Himmel bewundert. Spärlich bekleidet, den ganzen Weg auf Glatteis und Schnee, doch mir war heiß. Als wir angekommen sind, war es sechs Uhr. Die Hotelhalle war beleuchtet, an der Rezeption saß ein junger Mann, und ich habe mich entschuldigt, dass ich so derangiert hier ankomme. Aber der junge Mann hat nur gelächelt und gemeint, das sei kein Problem. Michael hat mir dann später verraten, warum der junge Mann wohl so freundlich gegrinst hatte. Mein Cape war offen, mein Hemdchen ging nur zum Bauchnabel, dann kam der Hüftgürtel und Strapse – aber ich hatte kein Höschen an. Ich glaube, für ihn fiel Ostern auf Weihnachten, als er mich so in der hell beleuchteten Lobby stehen sah. Gott sei Dank war auch die große Liebe zu Joy mit einem Schlag wieder vorbei. Dafür hatte ich ein schlechtes Gewissen Michael gegenüber, denn ich hatte die Regeln gebrochen, die wir vereinbart hatten. Wir hatten ja abgemacht, dass ich mich keinem Mann zuwende. Aber als Michael kurz weg war und Mike mir Gesellschaft leistete, habe ich ihn geküsst. Er war, wie gesagt, ein wenig traurig, dass seine Freundin so lange schon mit einem anderen Mann unterwegs war. Zwar hatte er ihr den Besuch der Nacht der Masken zum Geburtstag geschenkt, wohl auch mit dem Versprechen, dass sie dort ihre Freiheiten haben darf, aber zwei Stunden waren ihm zu viel. Was gibt es Sinnlicheres als einen traurigen Mann? Ich musste ihn einfach küssen, obwohl ich Michael versprochen hatte, dass ich das nicht machen werde. Deshalb habe ich ein schlechtes Gewissen, eigentlich habe ich ihn betrogen.

MICHAEL: Nein, an dem Abend war das alles total in Ordnung. Es war ein einmaliges Erlebnis. Es passte alles rundherum.

VIVIAN: Ich weiß nicht, ob Michael ebenfalls die Spielregeln gebrochen hat. Hast du Joy auf die Lippen geküsst? Ich habe ganz unten gelegen, ich weiß es also nicht, sondern muss ihm einfach glauben.

MICHAEL: Als sie mich aus der Garderobe holte, hat sie sich mir schon an den Hals geworfen, aber ich dachte da noch an unsere Spielregeln und küsste sie nicht.

VIVIAN: Das macht die Sache für mich noch schlimmer!

MICHAEL: Bei der Festlegung der Spielregeln war uns schon klar, dass das vielleicht in der einen oder anderen Situation nicht funktionieren wird. Der eigentliche Zweck der Regeln bestand ja auch darin zu verhindern, dass einer vom anderen getrennt wird. Insofern haben wir die Spielregeln schon eingehalten. Dass es sich so schön ergeben hat, war toll für uns, aber wir wären auch nicht frustriert heimgegangen, wenn der Abend um halb fünf in der Bar sein Ende gefunden hätte.

VIVIAN: Ich fürchte, nach dieser Nacht der Masken sind unsere Ansprüche an Sexveranstaltungen höher geworden. Ich bin froh, dass wir uns hierher gewagt und unsere Grenzen erweitert haben. Ohne meinen phantastischen Partner ginge das nicht. Wenn mir jemand erzählt, dass er eine tolle Beziehung hat, dass nur der Sex nicht klappen würde, dann zweifle ich an der ersten Aussage. Ich bin überzeugt, dass die Beziehung die Grundlage für ein tolles, erotisches Leben zu zweit ist.

MICHAEL: Vivian, du hast das so schön gesagt, dem habe ich nichts mehr hinzuzufügen. Wir sind beide sehr glücklich, dass wir so gut miteinander harmonieren.

DIETMAR

Es ist ein wahnsinniger Kick – andere zu beobachten und gleichzeitig zu wissen, dass man selbst auch beobachtet wird.

Ein paar Tage nach dem Wochenende, an dem die Nacht der Masken stattfand, treffe ich Dietmar in der Lobby eines namhaften Hotels in Frankfurt. In der Nacht selbst hatte er keine Zeit für ein Gespräch, denn diese Stunden sollten allein seiner jungen Geliebten gehören. Er besitzt den entspannten Charme eines Mannes, der alles erreicht hat: gut gehende Praxis, studierte Kinder, Ehefrau und exklusive Villa. Zum eleganten Lederblouson trägt er Jeans und Hemd. Silbergrauer Bart und Brille, er gehört der Generation 60 plus an.

Die Erotik hat mich immer schon fasziniert. Ich bin ein begeisterter Sammler von frivoler Literatur, pikanten Hörspielen und sinnlichen Filmen. Für mich sind das Wege zum Glück. Diese Werke inspirieren mich so, dass ich das Gelesene, Gehörte und Gesehene auch selbst erleben möchte. Aber, ich muss es leider sagen, ich kann meine erotischen Wünsche nicht mit meiner Frau ausleben. Das liegt möglicherweise an ihrer streng katholischen Erziehung. Nur ein Beispiel, stellvertretend für so vieles, was nicht möglich war: Nach zehn Jahren Ehe kam es zum ersten oralsexuellen Kontakt, aber ich registrierte mit feinen Antennen ihre Unlust dabei. Wir haben danach auch nicht sehr häufig Cunnilingus und Fellatio praktiziert.

DIETMAR

»Ich bin ein absoluter Fan von sehr schöner Unterwäsche, das grenzt schon an Fetischismus. Am Anfang war es eine große Überwindung, in ein Wäschegeschäft zu gehen, um schicke Dessous zu kaufen.«

Wir sind beide in einer Zeit groß geworden, in der man über Sexualität nicht in der Öffentlichkeit gesprochen hat. Die sexuellen Erfahrungen mit meiner Frau haben sich noch im dunklen Schlafzimmer abgespielt. Zum Liebesspiel machten wir das Licht aus. Kaum zu glauben, wie sich die Zeiten gewandelt haben, aber Sex war in meinem Leben immer mit dem Beigeschmack des Unerlaubten und des Bösen behaftet. Was sagt die katholische Kirche bis heute? Geschlechtsverkehr ist Wollust und damit eine Todsünde, wenn er nicht das Ziel hat, ein Kind zu zeugen. Ich bin einen weiten und verschlungenen Weg gegangen, um von schamhaft unter der Decke versteckter Sexualität bis zur Nacht der Masken zu kommen. Meine Begleitung, die ich dieses Mal eingeladen hatte, war dreiundzwanzig Jahre alt. Es war die dritte Veranstaltung dieser Art, die ich besucht habe. Meine beiden vorigen Begleiterinnen sind etwas älter gewesen, Ende zwanzig, Anfang dreißig. Das Alter war bei meiner Wahl sekundär, Yasmina hat mich als Typ angesprochen: dunkelhaarig, schlank, Konfektionsgröße 36. Ich habe mein ganzes Leben lang noch nie eine blonde Freundin gehabt. Dunkelhaarige Frauen mit dunklen Augen, in denen man sich verlieren kann, sind mein Beuteschema, auf das bin ich geprägt.

Yasmina kannte ich aus Prag, sie studiert dort Internationales Recht und spricht ein sehr gutes Englisch. Ich holte sie am Tag der Veranstaltung nachmittags vom Flughafen ab und wir fuhren bei regnerischem Wetter zum Veranstaltungsort. Ich hatte, so wie ich das immer mache, ein besonderes Geschenk für sie besorgt. Ich bin ein absoluter Fan von sehr schöner Unterwäsche, das grenzt schon an Fetischismus. Am Anfang war es eine große Überwindung, in ein Wäschegeschäft zu gehen, um schicke Dessous zu kaufen. Das erste Mal ging ich taktisch vor und tat so, als ob ich Unterwäsche für mich kaufen wollte. Dann ließ ich beiläufig die Frage nach dem schönen Wäscheset im Schaufenster fallen, das ich eigentlich haben wollte. Während es mir die Verkäuferin zeigte, faselte ich etwas von einem »Geschenk für meine Tochter«. Inzwischen kennt mich die Verkäuferin, weiß schon ungefähr, was ich suche, und legt mir ausgesucht schöne Sets vor. Wenn es sich ergibt, besuche ich auch gern direkt mit meiner Begleitung ein Dessousgeschäft, zum Beispiel Agent Provocateur in Berlin. Dort setze ich mich dann in einen Sessel und schaue ihr beim Anprobieren zu, das ist prickelnd. Diesmal hat das leider nicht geklappt, aber nachdem Yasmina später im Hotelzimmer die Wäsche ausgepackt hatte, bot sie mir ganz ungezwungen an: »Soll ich eine Modenschau für dich machen?« Wenn dann eine Frau wie Yasmina, jung und schön, in dieser verführerisch zarten Unterwäsche aus dem Bad ins Zimmer kommt, bin ich hoffnungslos verloren. Es war faszinierend, sie dann auf der Nacht der Masken zu erleben. Nach anfänglicher Zurückhaltung bewegte sie sich so frei und ungezwungen, als sei sie jeden Tag auf derartigen Veranstaltungen unterwegs. Dabei blühte sie richtig auf. Das aufwendige Menü im Rittersaal ist für mich ein wichtiger Teil des Abends, ein gutes Essen gehört zur Befriedigung der Sinneslust dazu. Außerdem bietet es auf angenehm ungezwungene Weise eine Möglichkeit zur Kommunikation mit den anderen Paaren am Tisch. Yasmina und ich philosophierten darüber, inwiefern für die Sexualität die Frage nach gut oder schlecht, anständig oder unanständig, von Relevanz ist. Auch unsere unmittelbaren Tischnachbarn wurden in das Gespräch einbezogen, und wir kamen gemeinsam zu dem Schluss, dass es in der Sexualität nichts gibt, was man als unanständig oder schlecht bezeichnen kann, solange beide Partner sich über den Ablauf eines erotischen Spiels einig und damit zufrieden sind und keiner dem anderen etwas aufzwingt. Ansonsten hat man kein Recht, darüber zu urteilen, was andere tun, um sich Befriedigung zu verschaffen. Wenn die Frau, deren Kostüm nur aus bunten Bändern bestand, die sie sehr sparsam, aber wohldefiniert um ihren ansonsten nackten Leib gewunden hatte, sich so wohlfühlt, dann darf niemand sie dafür kritisieren. Yasmina gefiel mir in ihrem eleganten Abendkleid aber auch sehr gut. Ich selbst trug wie immer einen Smoking.

Das Menü ist eine hervorragende Ouvertüre für den Abend und über das Preis-Leistungs-Verhältnis kann man sich nicht beschweren. Wenn ich in ein gutes Restaurant zum Essen gehe, gebe ich auch schon einmal 250 Euro aus. Dann ist der Wein noch nicht mal besonders teuer gewesen. Da ich das Schloss schon von meinen letzten Besuchen kannte, spielte ich für Yasmina den Schlossführer. Gemeinsam entschieden wir uns für den herrschaftlichen Raum im Herrenbau. Ich setzte mich in den einzigen Sessel, der noch frei war, und Yasmina sich auf die Armlehne. Ich hatte mit ihr vorher nicht detailliert abgesprochen, was wie wann wo geschehen sollte. Natürlich tauchte die Frage im Vorfeld schon auf, aber ich hatte ihr lediglich versichert, dass sie zu nichts verpflichtet ist, sondern sich alles aus der Situation heraus entwickeln wird. Das ist eine wunderbar einfache Spielregel, die sehr gut umgesetzt werden kann. Ich halte es mit Kant, der einmal gesagt hat, wenn jeder Mensch so leben würde, dass er keinem anderen schadet, dann könnte man alle Gesetze über Bord werfen. Wenn ich mich so verhalte, dass meine Partnerin zufrieden ist, Vergnügen und Freude empfindet, und wir respektvoll miteinander umgehen, dann muss ich keine weiteren Regeln aufstellen, nichts explizit vorschreiben, einschränken oder verbieten. Jeder kann die Situation in vollen Zügen genießen. Natürlich bedarf dies einer großen Vertrauensbasis, deshalb gehe ich nur mit einer Partnerin hierher, mit der ich schon einmal zusammen gewesen bin. Die dezente Beleuchtung, die ich übrigens sehr geschmackvoll finde, führt dazu, dass man mehr auf sein Gehör als auf seine Augen angewiesen ist. Mittlerweile spielten um uns herum sechs Paare. Wir sahen ihnen zu, soweit man bei dem schummrigen Licht überhaupt etwas erkennen konnte. Ich ahnte, mehr aufgrund der lustvollen Geräusche, als dass ich es wirklich sah, welche sexuellen Aktivitäten wohl im Gange waren. Rechts von uns stand ein gynäkologischer Stuhl. Die Frau, die darauf Platz genommen und ihren Schambereich entblößt hatte, wurde von ihrem Begleiter oral verwöhnt und ließ auch eindeutig hören, dass es ihr Spaß machte, auf diese Weise geliebt zu werden. Auf einmal beugte Yasmina sich zu mir und küsste mich intensiv, dabei öffnete sie mit langsamen Bewegungen meine Hose, kniete sich dann vor mich hin, befreite meinen Penis und verwöhnte mich mit gekonntem Zungenspiel. Das war ein wahnsinniger Kick – andere zu beobachten und gleichzeitig zu wissen, dass auch man selbst beobachtet wird. Das hat nicht nur mich gewaltig angeturnt, Yasmina unterbrach ihr Spiel und sagte zu mir: »Ich bin so was von geil, ich könnte jetzt alles tun.«

Mittlerweile war im hinteren Bereich des Raumes eine Spielwiese frei geworden. Dort ließen wir uns nieder und liebten uns in den unterschiedlichsten Stellungen. Besonders erregend war, Yasmina von hinten zu nehmen und dabei zu beobachten, wie gegenüber ein anderes Paar in derselben Stellung miteinander verkehrte und wir den Blickkontakt zueinander hielten. Die Frau hatte ihre Brüste entblößt, die bei jedem Stoß ihres Partners in Schwingungen versetzt wurden. Die zusätzlichen optischen Reize hatten den angenehmen Nebeneffekt, dass meine Erektion besonders lang bestehen blieb. Als Hintergrundmusik hätte da Bolero von Ravel gut gepasst, ein Stück, in dem sich die Spannung und der Rhythmus beständig steigern und steigern, bis zum Schluss alles zusammenbricht. So war es dann auch bei mir, die sexuelle Entladung löste ein außergewöhnliches Glücksgefühl aus. Yasmina und ich lagen danach eine Weile völlig regungslos und ineinander verschlungen da. Um diese Besuche so erfüllend zu erleben, wie es diesmal der Fall war, muss man sehr gut miteinander harmonieren. Die Chemie muss einfach stimmen, man muss auf derselben Frequenz funken.

Auf die Nacht der Masken bin ich schon im August 2004 aufmerksam geworden, als mir eine Cosmopolitan-Ausgabe unter die Finger kam, in der ich einen Artikel darüber gelesen hatte. Sofort keimte der Wunsch in mir, an einer derartigen Veranstaltung eines Tages teilzunehmen. Mit meiner Frau war die Realisierung völlig unmöglich, also blieb es erst einmal ein Traum. Nachdem ich sechzig Jahre alt geworden war, sagte ich mir: »Wenn du das in der erotischen Literatur Gelesene und in Filmen Gesehene noch in die Tat umsetzen willst, dann musst du jetzt endlich aktiv werden.« So wandte ich mich an eine gehobene Escort-Agentur mit sehr gutem Renommee, um die Fühler nach einer Begleitung auszustrecken. Da Erotik und Sexualität für mich einen so viel höheren Stellenwert haben als für meine Frau, beschloss ich, Sexualität und Liebe zu trennen. Oswalt Kolle spricht in diesem Zusammenhang von sexueller und sozialer Treue. Ich will auf keinen Fall meine Ehe infrage stellen. Das ist außerhalb jeglicher Diskussion. Ich bin seit mehr als 37 Jahren verheiratet. Da ich mich auf keinen Fall unsterblich in eine andere Frau verlieben möchte, kam nur eine Escort-Agentur infrage. Ich schaffe mir so spezielle Highlights, ansonsten bin ich ein braver Ehemann und kümmere mich um meine Familie.

Im Juni 2007 vermittelte mir die Agenturinhaberin eine Verabredung mit einer Dame, die sich Patricia nannte. Erst wollte ich sie nicht buchen, da sie auf den Fotos ihrer Sedcard blond war, aber ich ließ mich für ein Date überreden, weil sie gute Feedbacks auf der Website der Agentur hatte und in einem internationalen Escort-Forum nur ausgezeichnete Referenzen bekommen hatte. Es hieß überall, sie habe eine phantastische Performance, wie man das in der Branche nennt. Dann traf ich sie erstmalig in Berlin. Als ich nach ihrem Klopfen die Hotelzimmertür öffnete, stand sie mit dunkelbraunen Haaren vor mir und mein Herz in hellen Flammen. Haare sind für mich, wie schon gesagt, ein Schlüsselreiz. Nach dem ersten Treffen mit Patricia hatte ich den Eindruck, dass sie an der Nacht der Masken Spaß haben könnte. In dem erwähnten Artikel in der Cosmopolitan gab es einen Hinweis auf den Film *Eyes Wide Shut* mit Tom Cruise und Nicole Kidman in den Hauptrollen. Also habe ich diesen Film besorgt und ihn mit Patricia zusammen angeschaut. Doch sie blieb unschlüssig und wollte mir nicht sofort zusagen; sie befürchtete wohl, dass es dort wie in einem Swingerclub zugehen würde.

»Bevor wir das Zimmer verließen, zog sie noch lange, schwarze Handschuhe an. Ich konnte meine Augen kaum von ihr lassen, mir wurde bewusst, wie raffiniert ihr Outfit gewählt war.« DIETMAR

Aber nach ein paar E-Mails waren ihre Bedenken zerstreut und wir verabredeten uns für die Veranstaltung im November. Ich machte mich umgehend bei verschiedenen Kostümverleihern kundig und suchte nach einem historischen Kostüm. Mir schwebte was aus der Seefahrt vor, Admiral Nelson oder etwas Ähnliches. Als ich nicht fündig wurde, entschied ich mich für einen Smoking, eine festliche Kleidung, die ich ausgesprochen gerne trage. Als Zweites tauchte dann die Frage auf, wie ich von zu Hause wegkomme, ein Alibi musste her. Da ist es sehr wichtig, dass man über gute Freunde verfügt, die einem den Rücken frei halten.

Ich war eine Stunde früher als Patricia in dem Schloss angekommen, das Hotel und Veranstaltungsort in einem ist. Da ich den Abend für Patricia zu einem ganz besonderen machen wollte, fuhr ich auf den Bauernmarkt der nahe gelegenen Stadt und kaufte bei einem Blumenstand den ganzen Vorrat an weißen Rosen auf, achtzig an der Zahl. Mit ihnen schmückte ich unser Hotelzimmer und streute sie auf dem Boden aus. Als Patricia ankam, ging sie über einen Teppich aus weißen Rosen, auch das Bett hatte ich noch mit den Blumen dekoriert, vorher aber sorgfältig alle Dornen von den Stielen abgestreift.

Als wir uns später für den Abend zurechtmachten, konnte ich zu meiner großen Freude sehen, dass sich Patricia zu ihrem Kostüm entsprechende Gedanken gemacht hatte. Sie trug eine dunkelblaue Maske mit Straußenfedern, eine Korsage zu einem kurzen Tüllrock, sehr erotische Dessous und schwarze Strümpfe mit Strumpfhalter. Als Geschenk und zur Erinnerung an diesen besonderen Abend hatte ich ihr ein funkelndes Halsband von Swarovski mitgebracht. Es war zwei Zentimeter breit und schmückte nun ihren schlanken, makellosen Hals. Wie ein Sternenhimmel in rabenschwarzer Tropennacht spiegelten die geschliffenen Kristalle die Lichter der Umgebung wider. Bevor wir das Zimmer verließen, zog sie noch lange, schwarze Handschuhe an. Ich konnte meine Augen kaum von ihr lassen, mir wurde bewusst, wie raffiniert ihr Outfit gewählt war. Es ließ sich nämlich schnell partiell ausziehen, ohne dass sie dann sofort völlig nackt gewesen wäre. Wir waren beide wahnsinnig nervös und verspäteten uns, weil wir die Verschwiegenheitserklärung noch ausfüllen und unterschreiben mussten und ich mich in der Zeit vertan hatte. Den Willkommenscocktail hatten wir bereits verpasst, die meisten Gäste saßen schon auf ihren Plätzen im historischen Rittersaal.

Wir nahmen an einem der runden Tische in der Nähe der Bühne Platz und hatten sehr angenehme Gesellschaft. Patricia und ich waren von der Atmosphäre und dem geistigen Niveau der Gäste positiv überrascht und fühlten uns schon nach kurzer Zeit sehr wohl. Auf der Bühne tanzte eine junge Frau einen erotischen Tanz. Diese kleine Striptease-Nummer steigerte unsere erotische Stimmung noch. Als das ausgezeichnete viergängige Abendessen sein Ende fand, trieb uns die Neugierde durch die Räume. Der SM-Bereich im Gewölbekeller sprach uns überhaupt nicht an, da waren wir uns schnell einig. Nachdem wir unseren Informationsrundgang beendet hatten, entschieden wir uns erst einmal für einen der größeren Räume, in dessen Ecken vier große, rote, quadratische Matratzen mit Kissen verteilt lagen. Noch war der Raum leer, also warteten wir erst einmal ab. Nach einer Weile kam ein zweites Paar herein und ließ sich auf der Liegefläche in der entgegengesetzten Ecke nieder und liebte sich. Patricia befreite mich von meiner Smokinghose, die Jacke hatte ich schon vorher abgelegt, und verwöhnte mich erst sehr zärtlich oral, dann schob sie ihren Tanga beiseite und setzte sich auf mich. Niemand würde unser Verhalten als schamlos bezeichnen, das konnten wir aufgrund des gesamten Ambientes ausschließen, so ritt sie mich zunächst in einem langsamen sinnlichen Rhythmus. Als meine Bewegungen dann heftiger wurden, küsste sie mich wild und passte sich mir leidenschaftlich an, bis die Wellen der Lust uns davontrugen. Zum Abschluss wanderten wir noch einmal durch alle Zimmer und Etagen, genossen die Szenerie und sind gegen halb drei auf unser Zimmer gegangen. Wir haben beide den Abend in einer tollen Erinnerung behalten und uns am nächsten Morgen spontan verabredet, im folgenden Jahr gemeinsam eine weitere Nacht der Masken zu feiern. Aber leider ist Patricia inzwischen nicht mehr als Begleitung buchbar. Sie hat ein knappes Jahr später das aktive Escort-Leben aufgegeben und eine eigene Agentur gegründet. Diese Entscheidung von ihr habe ich sehr bedauert. Sie ist eine außergewöhnlich faszinierende Frau, mit der ich neben vielen anderen sinnlichen Stunden diese herrliche Nacht erleben durfte, auch wenn ich einen ordentlichen Batzen Geld für die Zeit von Freitag 16.00 Uhr bis Samstag 11.00 Uhr bezahlt habe. Außerdem bin ich, wenn ich eine Frau kennengelernt habe, mit der ich mental gut korrespondiere, verhältnismäßig treu. Ich bin nicht sehr sprunghaft, gehe nicht die Listen bei den Escort-Agenturen durch, um zu schauen, wer neu in das Portfolio aufgenommen wurde.

Wir haben an diesem Abend keinen Kontakt, der über eine angenehme Plauderei hinausgegangen wäre, zu anderen Paaren aufgenommen. Bei keinem meiner Besuche hier hatte ich den Eindruck, dass sich andere Gäste Gedanken darüber machen würden, in welchem Verhältnis ich zu meinen Begleiterinnen stand. Für mich sind diese Abende Gelegenheiten, aus den gesellschaftlichen Konventionen auszubrechen, wenn es gelingt, tut das dem Seelenleben, den in Mengen ausgeschütteten Endorphinen sei Dank, nachhaltig wirklich gut. Wahrscheinlich würde so mancher Psychiater arbeitslos, wenn mehr Menschen dazu in der Lage wären, ihr Sexualleben ohne Schuldgefühle selbst zu definieren. Die Haupttriebfeder eines jeglichen Lebewesens, von den Pflanzen bis hin zu den Primaten, den Homo sapiens eingeschlossen, ist nun mal die Sexualität. Sie dient zur Erhaltung, Weiterentwicklung und Veränderung der Arten, der Evolution. Die neuralen Basisstrukturen der Sexualität liegen in entwicklungsgeschichtlich sehr alt einzustufenden Strukturen des Gehirns. Und wenn man seine Sexualität nicht so ausleben kann, wie man möchte, dann kommt es zwangsläufig zu Verspannungen in der Psyche des entsprechenden Individuums. Ich kann Sexualität auf einem einfachen Level vollziehen, so dass sie auf den primären Sinn der Fortpflanzung beschränkt bleibt, wie ich mich ernähren und überleben kann, wenn ich nur Wasser, Kohlenhydrate, Eiweiß und Fette ohne geschmacklich anspruchsvolle Zubereitung zu mir nehme. Doch große Freude am Essen hat man doch erst bei ideenreich zubereiteten Speisen, die dann noch für das Auge schön angerichtet sind. Genau so kann ich auch mein Sexualleben verfeinern und meinen Lustgewinn mit raffiniert arrangierten Zutaten steigern, erst dann lässt sich von Erotik im eigentlichen Sinne sprechen.

Wenn ich mich mit einer Escort-Dame verabrede, nehme ich immer meinen Laptop mit. Zum einen sind darauf Hunderte von Musiktiteln abgespeichert, zum anderen kann ich erotische Filme auf DVD vorführen, die ich auch immer dabeihabe. Dabei ergeben sich oft neue Varianten für unser Liebesspiel. Einmal schaute ich zusammen mit einer Italienerin, Typ Lollobrigida, einen Film von Andrew Blake an, den sie selbst zu unserem Date mitgebracht hatte. »Du«, sagte sie zu mir, »wir schmiegen uns jetzt ganz dicht aneinander, aber wir berühren uns erst wieder mit den Händen, sowohl uns selbst als auch gegenseitig, wenn der Film zu Ende ist.« Die mythischen Qualen des Tantalos waren ein Nichts gegen das, was wir die nächsten sechzig Minuten über ertragen mussten. Der wunderschöne Körper dieser Frau war in Reichweite und doch so fern. Aber diese ans Absurde grenzende Situation steigerte das gegenseitige Verlangen ungemein, so dass wir danach umso heftiger übereinander hergefallen sind. Manchmal habe ich gewisse Vorstellungen von erotischen Spielereien im Kopf, die ich vorbereite, wobei Szenen aus der erotischen Literatur mein roter Faden sein können. Ich versuche, das Gelesene nachzuempfinden, es nachzuspielen. Ich mag die Emmanuelle-Reihe sehr, sowohl die Bücher als auch die Verfilmungen. Als die Französin Emmanuelle Arsan diese erotischen Klassiker vor ein paar Jahrzehnten geschrieben hat, lebte sie als Frau eines französischen Diplomaten in Bangkok. Ein Teil ihrer wunderbaren und ideenreichen Geschichten spielt auch dort. Als ihr Pseudonym aufflog, hat man ihren Mann sofort von dort abberufen, solche Skandalbücher waren es damals in den Augen und Gehirnen der sogenannten feinen Gesellschaft.

Zu den Höhepunkten der erotischen Literatur gehören auch die Werke von Anaïs Nin und D. H. Lawrence, der den Klassiker *Lady Chatterley* geschrieben hat. Lady Chatterley und ihr Geliebter flechten sich gegenseitig blaue Veilchen in die Schambehaarung. Diese Möglichkeit der gegenseitigen Wertschätzung gestaltet sich heute schwieriger als damals, die Schambehaarung ist ja nicht mehr so üppig wie noch vor wenigen Jahrzehnten, oft nur noch auf kleine Relikte beschränkt. Nicht nur bei den Frauen, auch bei den Männern hat sich diese Mode weit verbreitet. Ich rasiere mich ebenfalls seit einiger Zeit, die Frauen empfinden das als angenehm, wenn sie als Fellatrice keine kitzelnden Haare störend im Gesicht spüren. Sehr anregend finde ich es, wenn man sich zu Beginn des Zusammenseins gegenseitig Passagen sexuell stimulierenden Inhaltes aus der erotischen Literatur vorliest, da wird die Phantasie gleich heftig angesprochen. Die Stellen suche ich meistens vorher schon aus. Wenn es dann so weit ist und die Frau vorliest, kann ich am Timbre ihrer Stimme erkennen, ob sie bereits erregt ist, bei besonders sensiblen Frauen richten sich auch die Brustwarzen auf. Ich bin auch ein Liebhaber von zarten Spielen, ich mag es wahnsinnig gern, sich gegenseitig mit sehr weichen Federn zu streicheln. Straußenfedern sind perfekt, mit denen kann man die vielfältigsten erotischen Reize auf die Partnerin übertragen oder selbst empfangen. Wenn diese Variante noch um den Faktor ›Wehrlosigkeit‹ erweitert wird, dann ist das ein irrer erotischer Kick. Wenn ich mit gespreizten Armen und Beinen ans Bett gefesselt hilflos daliege und die Augen verbunden sind, dann führt das Kino in meinem Kopf die unglaublichsten Filme auf. Du weißt nicht, was im nächsten Augenblick passieren wird, auf einmal spürst du, wie dich an deinen empfindlichsten Stellen etwas Unbekanntes berührt.

Vielleicht wird auch etwas aufgetragen. Und du beginnst zu raten: Ist es kühl, handelt es sich vielleicht um Schlagsahne, ist es warm, möglicherweise eher um Honig. Und dann, wenn du die Spannung kaum noch aushältst, merkst du, wie das, was da aufgetragen wurde, auf unterschiedliche Art und Weise wieder entfernt wird. Das ist eine ganz besondere Form der Qual, die ich nur zu gern erdulde.

Patricia kannte meine Vorliebe für solche Überraschungen und hat sie sehr engagiert eingebracht. Das ist der Vorteil, wenn man auch seinem Escort gegenüber eine gewisse Treue hält. Es gab da ein ganz außergewöhnliches Treffen, an das ich mich bis heute erinnern kann, als habe es erst gestern stattgefunden. Wir sind beide unter demselben Sternzeichen geboren. So lud ich Patricia in unserem Geburtsmonat für ein Wochenende nach Paris ein. Wir flogen getrennt, um eine Stunde zeitversetzt, so dass ich genügend Zeit hatte, das Zimmer für ihre Ankunft vorzubereiten. Ich zündete Duftkerzen an, eine Flasche Champagner stand gekühlt bereit, und als sie das Zimmer betrat, begrüßte ich sie mit ›unserem Lied‹ *Vom selben Stern* von Ich+Ich. Als Geburtstagsgeschenk überreichte ich ihr wunderschöne zarte Dessous aus der Brautkollektion von Agent Provocateur. Sie probierte sie sofort an und nahm das Thema auf, indem sie sagte: »Heute bin ich deine Braut. Lass uns eine Hochzeitsreise feiern!«

Doch erst einmal machte sie das Zimmer zu einem Catwalk. Ich war hingerissen von dieser wunderbaren Frau und ihren sinnlichen Bewegungen, wie sie mit diesem vollkommenen Körper einen virtuellen Laufsteg entlangging. Keine Frage, wo dieser hinführte, ich trug sie auf meinen Armen ins Bett, wie es einer Braut gebührt. Sie bedankte sich bei mir mit einer Inszenierung, die sie sich als Geburtstaggeschenk für mich ausgedacht hatte. Sie verband mir die Augen und widmete sich mit Raffinesse, Phantasie und Sensibilität meinem gesamten Körper. Es war traumhaft, unvergesslich schön. Sie hatte ein Fläschchen mit flüssiger Schokolade mitgebracht und einen Pinsel. Damit bemalte sie mich an den unterschiedlichsten erogenen Stellen, angefangen bei meinen Lippen bis hin zu meinem Penis. Ich konnte es nicht sehen, aber ich fühlte die sanften Bewegungen des Pinsels. Ich bin dahingeschmolzen wie eine Kugel Eis in der Sonne. Danach leckte sie alles mit der Zunge wieder ab, bis zum letzten Tropfen, einschließlich dessen, was in der Branche ›fellatio to completion‹ genannt wird. Erst danach löste sie meine Augenbinde und ich revanchierte mich mit derselben Hingabe, die sie mir gegenüber gezeigt hatte. So wurde es eine wahrlich unvergessliche Hochzeitsnacht. Den nächsten Tag verbrachten wir bummelnd in Paris, und am Abend besuchten

DIETMAR

»Sie verband mir die Augen und widmete sich mit Raffinesse, Phantasie und Sensibilität meinem gesamten Körper. Es war traumhaft, unvergesslich schön.«

wir die Erotik-Show im Crazy Horse Saloon. Nach der Show liefen wir an der Seine entlang bis hin zum Eiffelturm. Dort, im Zenith unter der gewaltigen Konstruktion aus Eisen stehend, küsste mich Patricia ganz leidenschaftlich, und wir versprachen uns, den nächsten Geburtstag wieder gemeinsam in Paris zu verbringen. So breche ich im kleinen Rahmen in unregelmäßigen Abständen und im großen Rahmen einmal im Jahr aus. Bei der Nacht der Masken wird mir ein Ambiente für diese kleinen Ausbrüche geboten, die für mein Wohlbefinden immanent wichtig sind, in dem ich mich wohlfühle und wo ich nach jedem Besuch sagen kann, dass ich etwas Besonderes erlebt habe.Und wie sang einst die kleine große Edith Piaf? *Non, rien de rien, non je ne regrette rien!* Nein, nichts und nochmal nichts – ich bedaure nichts!

MIRJAM UND ANSGAR

Ich genieße es, wenn Frauen sich lieben. Es ist einfach ein schönes Bild, auch ganz unabhängig von SM.

Ihre eigentliche Leidenschaft liegt im BDSM-Bereich. Deshalb kommt sie in einem raffiniert geschnittenen, glänzend schwarzen Latexkleid mit silbernen Zierknöpfen und er im schwarzen Brioni-Anzug zur Nacht der Masken. Mirjam ist sehr schlank, als begeisterte Joggerin kennt sie keine Figurprobleme. Ansgar auch nicht. Da beide im Designbereich aktiv sind, ist alles an ihnen perfekt gestylt: von seiner Brille bis zu ihrem modischen Kurzhaarschnitt. Mirjam gehört zu den Frauen, denen man ihr Alter nie ansieht. Sie tanzt und bewegt sich wie eine Dreißigjährige, aber vermutlich ist sie über vierzig.

ANSGAR: Ich lebe seit mehr als vierundzwanzig Jahren mit meiner Frau Mirjam meine dominante Neigung aus. Ausschließlich im Sexuellen, wir führen keine Beziehung, in der die Rollenverteilung vierundzwanzig Stunden am Tag, sieben Tage in der Woche gilt. 24/7 war für uns nie ein Thema. Da wir gemeinsam ein Unternehmen führen, ist einer von uns eigentlich immer auf Geschäftsreise. Wir lassen im Ausland all die modischen Accessoires herstellen, ohne die kein perfekter Look auskommt: Taschen, Halstücher, Gürtel, Schmuck. Ich bin für den Vertrieb und die Fertigung zuständig, Mirjam für das Design.

»Ich empfinde Lust, wenn er mir in unserem sexuellen Spiel Schmerzen zufügt. In besonderen Situationen bin ich auch devot.« MIRJAM

»Ich empfinde es als ein Geschenk, wenn meine Süße vor mir kniet.« ANSGAR

MIRJAM: Ich bin Schmuckdesignerin und führe ein kleines Team von Mitarbeitern, die ich ständig motiviere. Meine Arbeit, die ich gern und gut mache, könnte ich nicht aus einer devoten Rolle heraus meistern. Im Alltag bin ich eher dominant und taff. Zu meiner speziellen Leidenschaft bin ich durch meinen Mann gekommen. Er hat sie in mir geweckt. Ich empfinde Lust, wenn er mir in unserem sexuellen Spiel Schmerzen zufügt. In besonderen Situationen bin ich auch devot.

ANSGAR: Mein Spaß liegt nicht darin, ihr wehzutun, sondern darin, zu sehen, dass es ihr guttut. Wenn wir in einen lustvollen Abend gehen, egal ob zu Hause oder bei einer Veranstaltung wie der Nacht der Masken, dann schlüpft jeder in eine gewisse Rolle. Ich werde dominanter, Mirjam wird devoter – und das in sehr unterschiedlicher Ausprägung, manchmal intensiver, manchmal eher oberflächlich.

MIRJAM: Ich lasse mich meist stark auf meine Rolle ein.

ANSGAR: Ich muss mich häufig erst in meine Rolle einfühlen. Dominanz zu fühlen und auszustrahlen ist eine Herausforderung. Ich empfinde es als ein Geschenk, wenn meine Süße vor mir kniet. Trotz dieser Demutshaltung von ihr befinden wir uns immer auf Augenhöhe. Mit echter Unterwürfigkeit könnte ich nicht viel anfangen, ich brauche schon einen starken Gegenpart.

MIRJAM: Unser Einstieg zur Nacht der Masken erfolgte über die Nacht der Leidenschaft. Wir sind seit zehn Jahren Fans dieser Veranstaltung, weil sie eher mit einer Party vergleichbar ist und mehr Bewegungsfreiheit ermöglicht. Ich bin nicht diejenige, die lange am Tisch sitzen kann. Die Nacht der Masken besuchen wir als Einstieg in ein langes, leidenschaftliches Wochenende. Der erste Abend beginnt somit etwas ruhiger, damit schaffen wir den Ausstieg aus dem Alltag. Danach können wir uns noch intensiver auf die Nacht der Leidenschaft einlassen.

ANSGAR: Die Nacht der Masken buchen wir nie als Einzelevent. Ohne die Nacht der Leidenschaft wäre sie für uns uninteressant.

MIRJAM: Auf der Nacht der Leidenschaft passiert einfach alles schneller. Ich habe eher das Gefühl, unter Gleichgesinnten zu sein.

ANSGAR: Wenn auf der Nacht der Masken mehr Swinger als SMler unterwegs sind, ist es für uns weniger spannend. Es macht uns nicht an, Leute beim klassischen Sex zu beobachten. Wir sehen lieber die inszenierten Geschichten, und davon gibt es auf der Nacht der Leidenschaft wesentlich mehr. Bereits mit sieben oder acht Jahren hatte ich die ersten SM-Phantasien, so meine ich mich zumindest zu erinnern. Als junger Mann fand ich sie verunsichernd: Ich will sie quälen, und sie findet das geil?! Verwirrt hat mich das besonders, da ich das weibliche Geschlecht immer hoch geachtet habe.

MIRJAM: Ich kann mich weder an SM- noch an andere sexuelle Phantasien erinnern. Aber daran, dass ich der Meinung war, frigide zu sein. Wenn ich mir das überlege: Mit zwanzig dachte ich, mein Liebesleben sei auf Eis gelegt. Ansgar und ich lernten uns kennen, da war ich zweiundzwanzig. Als ich mit ihm zum ersten Mal im Bett war, hat es sofort geknallt, es war unglaublich. Ich weiß noch, dass ich stundenlang feucht war, nur weil wir verabredet waren. Vorher hatte ich damit sogar Probleme, wenn ich mit einem Mann im Bett lag. An mangelnder Erfahrung lag das nicht, ich war viel unterwegs und mit einigen Männern zusammen gewesen. Prüde war ich nie, aber es hat trotzdem nicht geklappt, wahrscheinlich waren es einfach die falschen Männer.

ANSGAR: So wie meine erste Frau nicht die richtige war. Zwischen uns lief wenig, auch wenn wir drei Kinder gezeugt haben. Nicht nur in Bezug auf den SM-Bereich, meine Exfrau hatte einfach keinen Spaß am Sex. Ich habe zu dem Zeitpunkt viel gearbeitet und ein Geschäft aufgebaut. Aber so eine Neigung ist im Hintergrund immer da, die verschwindet nicht, nur weil man sie nicht auslebt. Um mich wenigstens ab und zu in der Welt meiner Wünsche zu bewegen, holte ich mir Magazine aus dem Sexshop. Ich hatte meine Phantasien, die darum kreisten, eine Frau zu fesseln, sie zu peitschen, ihre Nippel mit Klammern zu versehen oder sie vor mir knien zu lassen, nie ausgelebt, bis ich Mirjam traf.

> »Wenn ich den Schmerz als richtig und gut empfinde, kann ich nicht mehr genug davon bekommen.«

MIRJAM

MIRJAM: Ansgar war schon von seiner Frau getrennt und wohnte übergangsweise bei einem Freund in dessen Gartenhaus. Als er spürte, wie ich auf ihn reagierte, traute er sich, seine Phantasien in die Tat umzusetzen.

ANSGAR: Schon nach ungefähr zwei Monaten probierte ich, ohne einen Plan zu haben, Wäscheklammern an ihr aus. Das war wirklich das Erste, das ich versucht habe, denn die fielen mir in dem Gartenhaus zufällig in die Hände. Daraus entwickelten sich weitere Geschichten. Ich ließ sie knien und warten, ohne dass überhaupt etwas geschah. Dabei verband ich ihr die Augen, das mache ich heute noch oft, damit sie nicht sehen und wissen kann, was als Nächstes passieren wird. Das waren meine ersten dominanten Versuche, und sie kamen bestens an. Als wir zusammen in den Urlaub gefahren sind, kaufte ich in einem Segelgeschäft Seile. Auch gefesselt zu sein, gefiel ihr gut. Wir haben es auch umgekehrt probiert, Mirjam fesselte mich, aber das funktionierte überhaupt nicht. Es hat ihr nichts gebracht und mir auch nicht. Von da an war klar, wie der Hase laufen wird.

MIRJAM: In diesem Urlaub bereitete er mir so viel Lust, das war beinahe unheimlich. Nach einigen Tagen haben wir herausgefunden, dass ich alleine dadurch, von ihm geschlagen zu werden, ohne weitere Stimulation zum Höhepunkt kommen kann. Von da an suchten wir ständig neue Herausforderungen – und wir sind längst nicht am Ende.

ANSGAR: Die Basis für eine BDSM-Beziehung ist unendliches Vertrauen. Sie kann sich völlig hingeben und ist stolz auf das, was sie für mich aushalten kann. Und ich bin stolz auf sie, nicht nur wegen dem, was sie für mich aushält, sondern auch wegen ihrer Schönheit und ihrer Lebendigkeit. Am Anfang habe ich weniger fest geschlagen, die Leidensfähigkeit entwickelt sich. Mein Ziel ist es immer, den Punkt zu erreichen, der gerade noch für sie aushaltbar ist. Ich nenne ihr oft die Zahl der Schläge, das ist wichtig. Wenn ich sage: »Du bekommst jetzt dreißig Schläge mit dem Rohrstock«, dann kann sie sich darauf einstellen. Ob dreißig Rohrstockschläge nun viel oder wenig sind, kommt darauf an, wie ich sie ausführe, das kann sehr unterschiedlich sein. Nach unserem Verständnis dürfen die Schläge keine bloße Spielerei sein. Keine Andeutungen, echte Schläge, sie will es deutlich spüren. Wo liegt die Grenze? Für mich ist es wichtig, dass mein Handeln keine bleibenden Spuren hinterlässt. Es kann schon sein, dass ihr Po rot ist, aber ich will keine sechs Tage lang Striemen sehen. Das gefällt mir optisch nicht.

MIRJAM: Wenn ich früher über meine Zukunft nachgedacht habe, wollte ich schon immer Designerin werden, und zu 90 Prozent arbeite ich sehr gerne in meinem Beruf. Mein Sexualleben hatte ich mir nie so vorgestellt, das hat er mir beigebracht, aber ich liebe es zu 100 Prozent.

ANSGAR: Ich habe mich Schritt für Schritt vorgetastet. Da ich immer mehr Phantasien im Kopf hatte, als sich tatsächlich umsetzen ließen, entwickelte sich daraus ein geiles Spiel: Ich erzähle Mirjam Dinge, die in der Praxis alle Grenzen überschreiten würden, die bei ihr aber eine hohe Erregung auslösen.

MIRJAM: Wenn Ansgar mir ganz konkreten Schmerz ankündigt, zum Beispiel, dass er mir eine Nadel durch die Brustwarze stechen wird, dann erregt mich das. Es muss etwas sein, vor dem ich Angst habe. Angst ist ein Lustverstärker.

ANSGAR: Die Androhungen gehen über das hinaus, was sie tatsächlich ertragen kann und ertragen sollte. Ich habe sie noch nie auf diese Art und Weise verletzt. Dieser spezielle Gedanke erregt mich auch nicht übermäßig, Mirjam aber umso mehr. Meine Phantasie geht da in eine etwas andere Richtung: Ich kündige ihr zum Beispiel an, dass sie hundert Rohrstockschläge bekommen wird und dass ich vorhabe, diese kräftig auszuführen und voll durchzuziehen. Auch das mache ich natürlich nicht, das ginge viel zu weit. Mein persönlicher Stil ist, die ersten Schläge nicht allzu hart auszuführen und die Intensität dann immer weiter zu steigern. So ist der Schmerz für Mirjam beherrschbar.

MIRJAM: Die Bereitschaft, angekündigte Schmerzen tatsächlich auszuhalten, nimmt im Laufe der Zeit zu. Zum Beispiel waren meine ersten Erfahrungen mit Wachs nicht so toll. Also ließen wir das ruhen, irgendwann probierte es Ansgar wieder, und da war es perfekt. Die Situation, in der

ANSGAR

»Damals wurden noch Kerzen aufgestellt, im Kamin brannte ein Feuer, davor stand meine Süße, und ich ließ sie die Hitze des Feuers und meiner Gerte spüren.«

ich Neues kennenlerne, muss stimmen. Wenn ich den Schmerz als richtig und gut empfinde, kann ich nicht mehr genug davon bekommen.

ANSGAR: Ich erinnere mich gern an eine frühere Nacht der Leidenschaft, diese fand auf einem Schloss mit einem sehr großen Jagdzimmer statt. Damals wurden noch Kerzen aufgestellt, im Kamin brannte ein Feuer, davor stand meine Süße, und ich ließ sie die Hitze des Feuers und meiner Gerte spüren. Das war ein schönes Bild, die Spuren auf ihrem Popo leuchteten in einem flammenden Rot.

MIRJAM: Aber das war nicht auf unserem ersten Besuch, da haben wir nur zugeschaut. Solange man sich respektvoll verhält, ist das für niemanden ein Problem. Wir konnten uns vorher nicht vorstellen, dass Menschen so offen mit ihrer Sexualität umgehen. Ich war durchgehend feucht, schon das Schlossambiente erregte mich.

ANSGAR: Es war ganz eindeutig Mirjams Wunsch gewesen, eine SM-Party zu besuchen. Nach zwanzig Jahren BDSM in unserer Privatsphäre war es sehr aufregend, sich unter Gleichgesinnten zu bewegen.

MIRJAM: Ein Freund erzählte von seinem Besuch auf einer SM-Party. Es hörte sich zwar eher derb an, erregte mich aber dennoch. Wir fingen an, darüber zu reden und …

ANSGAR: … ab da hat Mirjam gedrängt, dass sie doch sehr gerne zu so einer Party gehen möchte. Ich bin ziemlich schnell über google auf die Nacht der Leidenschaft gestoßen, die Nacht der Masken gab es damals noch nicht. Der Internetauftritt, das erste Telefonat mit den Veranstaltern, die Kommentare im Gästebuch, dies alles erweckte in mir den Eindruck, dass das wohl das Beste ist, was wir uns in diesem Bereich wünschen können.

MIRJAM: Damit es uns gefällt und anmacht, sollte die Veranstaltung niveauvoll und ästhetisch sein, Exklusivität ist für uns ebenfalls sehr wichtig.

ANSGAR: Wir meldeten uns an und waren drei Wochen vorher schon aufgeregt.

MIRJAM: Die Vorbereitungen für den Abend liefen die gesamte Zeit über, wir haben oft darüber gesprochen und überlegt, was ich anziehen könnte. Inzwischen hat sich eine gewisse Routine eingestellt, wenige Tage davor überlege ich, was ich anziehe, und fertig.

ANSGAR: Ich variiere zwischen Anzug und Smoking, dazu ein schwarzes T-Shirt aus einem edlen Material. Es gibt durchaus auch Fetischoutfits für Männer, die sich sehen lassen können, aber ich fühle mich im Anzug wohler. Da ich im Alltag nahezu nie Anzüge trage, bringt mich das Outfit dennoch in eine besondere Stimmung. Als der Termin dann herangerückt war, sagte Mirjam während der Fahrt: »Lass uns das Auto ganz weit weg parken, damit keiner das Nummernschild sieht.« Und: »Was machen wir, wenn welche aus unserer Gegend da sind?« Mich würde das nicht stören, Bekannte, die uns dort erkennen, hätten sicher dasselbe Faible wie wir. Es wäre nicht dramatisch, höchstens überraschend.

MIRJAM: Ich bin in dieser Frage inzwischen auch gelassener geworden, das Auto parken wir nun vor der Tür, und wenn es geht, wohnen wir im Schloss. Aber meinen Freundinnen gegenüber oute ich mich nicht. Ich hätte Angst, dass sie mich dann ablehnen würden. Wie soll jemand verstehen, dass ich Masochistin bin, schmerzgeil? Es macht viele Leute an, wenn sie darüber in einem Buch lesen. Aber wie reagieren sie, wenn es ihre Freundin ist? Ich weiß es einfach nicht. Ansgar und ich sind unterschiedlicher Meinung, was den Umgang mit dem Thema angeht. Das merke ich auch bei Gesprächen auf der Party. Ich bin eher dafür, nur die Region zu nennen, in der wir leben, und nicht gleich die Stadt.

ANSGAR: Was soll denn eigentlich in dem Kreis passieren? Erpressung?

MIRJAM: Nein, natürlich nicht, dennoch bleibe ich dabei, dass ich nicht gleich sage, wo ich herkomme. Der erste Rundgang damals auf der Nacht der Leidenschaft war der Hammer. Ich weiß noch, dass ich wahnsinnig gern mit Ansgar geschlafen hätte, aber er nicht darauf reagiert hat. Ich war enttäuscht, ich wollte so gern befriedigt werden.

ANSGAR: Aber der öffentliche Sex liegt mir nicht, wir vergnügen uns hinterher noch sehr ausgiebig im Zimmer.

MIRJAM: Heute weiß ich das, aber damals? Ich war stundenlang erregt, es hat überhaupt nicht mehr aufgehört, nur vom Zuschauen und Mitbekommen, was andere machen. Es waren tolle Leute da, die in unserem Sinne gespielt haben. Ich habe lange eine Frau beobachtet, die auf dem harten Steinboden ohne Kissen kniete und von ihrem Begleiter sehr kräftig mit dem Rohrstock geschlagen wurde. Ich habe sie beneidet!

ANSGAR: Bis zu diesem Tag hatte ich Mirjam noch nie so heftig geschlagen, nur in der Phantasie.

MIRJAM: Ab da fehlten wir auf keiner ›Nacht‹ mehr.

ANSGAR: Der erste Besuch war so überraschend, so prickelnd verlaufen, dass wir noch eine Woche später mit einem Grinsen im Gesicht durch die Gegend gelaufen sind.

MIRJAM: Auf dieser ersten ›Nacht‹ hatte ich auch das einzige Mal eine enge schwarze Lederhose an, wir saßen bei einer Session und schauten zu, aber ich hatte auch meinen Spaß.

ANSGAR: Ich besaß nämlich die Fernsteuerung für den Vibrator, den Mirjam trug.

MIRJAM: Das war nicht wirklich neu für mich, Ansgar verpasst mir auch gerne einen Vibrator, den er steuern kann, und führt mich dann zum Essen aus.

ANSGAR: Dann suche ich natürlich ein Restaurant aus, in dem es etwas lauter zugeht. Wenn wir dort Bekannte treffen, und die sich an unseren Tisch setzen, dann geht das natürlich nicht, während es bei diesen erotischen Events kein Problem ist. Hosen finde ich allerdings unpraktisch für so einen Anlass, zumindest wenn sie unten keinen zusätzlichen Reißverschluss haben. Ich bin auch nicht auf Leder oder Latex festgelegt, es darf jedes Material sein, solange das Gesamtbild stimmt. Klar freue ich mich, Mirjam in Latexklamotten zu sehen, aber das ist nicht das, was mir den Kick gibt.

MIRJAM: Bei den folgenden ›Nächten‹ haben wir uns dann mehr und mehr aus der Zuschauerrolle herausgewagt und selbst begonnen, öffentlich zu spielen.

ANSGAR: Ich habe entweder einen Rucksack dabei, oder meine Anzugstaschen sind mit Spielzeug wie Klammern oder zusammenklappbaren Gerten gefüllt. Wenn ich mit ihr am Andreaskreuz oder Galgen spiele, hat sie immer ihren vollen Spaß.

MIRJAM: Ich habe einen Orgasmus nach dem anderen, Ansgar merkt das auch, und wenn ich drei bis vier Orgasmen hatte, dann weiß er, dass es jetzt gut ist. Multiple Orgasmen erlebe ich erst seit unseren Spielen, wobei er auf den ersten Partys noch häufig zu früh mit Schlagen aufgehört hat.

ANSGAR: Mittlerweile stimmt das Timing. Ich bin nicht so der öffentliche Typ und musste mich erst einmal daran gewöhnen. Heute habe ich keine Probleme mehr damit, wenn andere Gäste zuschauen, aber am Anfang war

»Ich habe einen Orgasmus nach dem anderen, Ansgar merkt das auch, und wenn ich drei bis vier Orgasmen hatte, dann weiß er, dass es jetzt gut ist.«

MIRJAM

das ein Stressfaktor, und wenn die Anspannung überhandnahm, habe ich aufgehört. Wenn wir im Schloss übernachten können, nutzen wir das Zimmer zwischendurch, um dort miteinander zu schlafen, das machen wir nach wie vor nicht öffentlich.

MIRJAM: Schade eigentlich, dass diese extreme Aufregung weg ist und ich viel gelassener in das erotische Wochenende gehe als in der Anfangszeit.

ANSGAR: Ich finde, das ist eine positive Entwicklung. Das erste Mal hatte eine unglaubliche Brisanz für unsere Sexualität, die sich nicht wiederholen lässt. Aber so, wie es jetzt ist, hat es auch was.

MIRJAM: Wir haben auf der Nacht der Leidenschaft mittlerweile viele Freunde, mit denen wir verabredet sind. Aber es hat sich gezeigt, dass weniger Neues passiert, wenn wir die Abende immer mit ihnen verbringen, denn dadurch grenzt man andere Situationen unbeabsichtigt aus.

ANSGAR: Wenn wir in der Gruppe irgendwo stehen, werden wir nicht angesprochen. Umgekehrt sprechen auch wir niemanden an, weil wir abgelenkt und weniger neugierig sind. Spannender ist es, wenn wir nur zu zweit durch die Spielräume gehen, uns inspirieren lassen und sich dann etwas Spontanes ergibt.

MIRJAM: Auf unserer dritten Nacht der Leidenschaft saß ich total heiß auf einem Stuhl und eine schöne Frau sprach mich an, ob sie mich lecken dürfte. Ich erschrak und lehnte ab. Noch heute, Jahre danach, frage ich mich, wieso ich so ängstlich war? Den ersten Kontakt mit einer Frau hatte ich also vermasselt, aber meine Neugier war angefacht. Bei unserem vierten Besuch ließ ich mich auf die Avancen einer Frau ein, wir küssten uns in der Bar. So entwickelte sich das allmählich, bei der nächsten Party merkten wir, wir waren gerade im Kaminzimmer des Schlosses, dass eine große Frau mit Cape sich immer bei uns in der Nähe aufhielt.

ANSGAR: Ich dachte mir, dass sie interessiert sein könnte. Also schickte ich Mirjam zu dem vermeintlichen Herrn der Schönen, sie sollte fragen, ob sie seine Frau küssen dürfe. So läuft das meistens, der Kontakt geht über Mirjam, wird aber von mir angestoßen.

MIRJAM: Ich erhielt die Erlaubnis, und beim Küssen blieb es nicht. Wir streichelten uns, und ich machte meine ersten sexuellen Erfahrungen mit einer Frau. Ihr Freund kam dann dazu und befriedigte mich ganz toll mit der Hand. Die beiden wären gern weiter gegangen, aber das kam für mich nicht infrage – ich lasse mich zwar gern von einem fremden Mann berühren, möchte aber auf keinen Fall Geschlechtsverkehr mit ihm haben. Ansgar blieb Außenstehender, er zieht sich nie aus und berührt auch keine Frau außerhalb seiner dominanten Rolle. Für mich war dennoch klar, dass er unendlich viel Spaß daran hatte, mir zuzuschauen. Mein Interesse geht immer mehr in Richtung Frauen, und ich frage mich, warum mir das nicht früher aufgefallen ist.

ANSGAR: Einmal begegneten wir auf der Wendeltreppe zum Gewölbekeller einem dominanten Herrn, dem zwei Frauen folgten. Mirjam sind sofort die Knie weich geworden. Ich wurde von den Frauen mit einem Kniefall begrüßt, denn wenn man die dominant-devote Rollenverteilung streng lebt, gebietet die Regel, jeden dominanten Herrn so zu grüßen.

MIRJAM: Wir sind dann zusammen in den Gewölbekeller. Der Mann band mir die Oberarme mit einem Riemen fest auf den Rücken und befahl dann seinen zwei Begleiterinnen, mich zu liebkosen. Es war total schön und erregend für mich, nicht nur wegen der Frauen, sondern auch weil dieser dominante Mann aktiv war, mich fesselte, die Frauen dirigierte und Ansgar passiv zugeschaut hat.

ANSGAR: Ich ließ das Ganze geschehen, weil es ihr so viel Spaß gemacht hat. Oft ergeben sich solche kleinen Szenarien, die sehr erregend sein können, auch wenn sie nur wenige Minuten andauern. Außerdem finde ich es immer gut, wenn Mirjam Kontakt mit Frauen hat. Es ist einfach ein schönes

Bild, wenn sich Frauen lieben. Ich genieße das. Auch ganz unabhängig von SM.

MIRJAM: Aber wenn beides zusammenkommt, SM und Frau, dann ist es perfekt. Auf einer Nacht der Masken sprach uns eine Frau an, nachdem sie sehr lange Ansgar dabei beobachtet hatte, wie er mich mit seiner Gerte verwöhnte. Sie meinte, dass sie das auch einmal erleben möchte.

ANSGAR: Ihr Mann fragte mich, ob wir auch auf die Nacht der Leidenschaft kämen und ob ich Lust hätte, dort seine Frau zu schlagen.

MIRJAM: Ich warf schnell ein, dass das nur mit mir zusammen möglich sei. Sie wirkte erschrocken, aber die Verabredung für den folgenden Abend stand, dreiundzwanzig Uhr am Andreaskreuz.

ANSGAR: Ich fesselte die beiden Frauen Gesicht an Gesicht an das stählerne Kreuz im Gewölbekeller – dann wurden sie abwechselnd von mir geschlagen. Mirjam wurde da auf keinen Fall bevorzugt behandelt. Sie standen Körper an Körper, die Füße waren fixiert, die Hände auch, aber sie konnten sich küssen. Es gab noch eine weitere Verbindung zwischen ihnen, nämlich eine Kette von Brustwarze zu Brustwarze.

MIRJAM: Ich hatte vermutet, dass sie noch nie geschlagen worden war, weil sie so ängstlich wirkte, aber der wahre Grund war, dass sie zuvor noch nie mit einer Frau zusammen war. Das hat sie uns allerdings erst hinterher in der Bar erzählt.

ANSGAR: Weil meine Süße immer mehr Spaß an Frauen fand, dachte ich, ich schenke ihr zum Geburtstag eine Frau, die Frauen liebt und devot ist. Die Organisation war eine Herausforderung. Ich hatte bei verschiedenen Escort-Agenturen die Profile der Frauen durchgesehen, bis ich auf Olga stieß. Zuerst nahm ich mit der Chefin der Agentur Kontakt auf und erklarte ihr meine Vorstellungen. Ich dachte, irgendwann würde ich direkten Kontakt zu Olga bekommen. Aber es lief alles weiterhin über die Chefin. Die war aber superchaotisch, bis zuletzt dachte ich, dass es nie klappen wird. Selbst als wir in der Bar vom Hyatt in Berlin auf unsere

MIRJAM

»Der Mann band mir die Oberarme mit einem Riemen fest auf den Rücken und befahl dann seinen zwei Begleiterinnen, mich zu liebkosen. Es war total schön und erregend für mich ...«

Gespielin warteten, war ich noch voller Zweifel. Als sie tatsächlich kam, war ich erleichtert. Wir haben erst zusammen gegessen und sind anschließend in die Suite gegangen.

MIRJAM: Sie war nicht meine Traumfrau, aber es war ein schöner Abend und eine tolle Inszenierung.

ANSGAR: Wir waren viele Stunden zusammen.

MIRJAM: Es war Kino, großes Kino. Bei einer Professionellen weiß man das zwar nie so genau, aber ich hatte das Gefühl, dass Olga auch ihren Spaß hatte. Es war ein wahnsinnig tolles Geburtstagsgeschenk.

ANSGAR: Unsere Erwartungen an die Nacht der Masken sind nicht so hoch. Vieles, was für andere besonders wichtig ist, ist für uns nebensächlich. Die Sache mit den Masken zum Beispiel. Ich erkenne die Menschen trotz Maske sehr gut.

MIRJAM: Aber nur, wenn es Bekannte sind. Wenn nicht, finde ich es faszinierend, ihre Gesichter zu sehen, sobald sie die Masken abnehmen.

ANSGAR: Ich persönlich empfinde sie trotzdem als eher störend, aber ich verstehe, dass es für Besucher, die zum ersten Mal kommen, sicher ganz angenehm ist, sich hinter einer Maske zu verstecken.

MIRJAM: Die historische Schiene machen wir nicht mit. Auch zu diesem Abend trage ich ein Latexkleid, das kann etwas hochgeschlossener sein als für den zweiten Abend. Meist gehe ich mich zu späterer Stunde noch einmal umziehen. Auch das Menü dauert mir viel zu lange. Deshalb kommen wir schon viel später als andere.

ANSGAR: Jedes Mal diskutieren wir darüber, ob wir zur Hauptspeise oder doch erst zum Nachtisch hingehen oder das Essen eventuell sogar ganz weglassen sollten.

MIRJAM: Auch wenn ich es manchmal zäh finde, werden wir die Besuche weiterhin beibehalten, denn auch dort haben wir schon tolle Leute kennengelernt und gute Erfahrungen gemacht.

ANSGAR: Wenn die ersten Gäste schon während des Menüs aufstehen und in den Keller verschwinden, weiß ich, dass es gut wird.

MIRJAM: Wir selbst verhalten uns wie auf der Nacht der Leidenschaft, wir spielen auf jeden Fall sm-mäßig.

ANSGAR: Ich weiß meist schon, was ich mit ihr vorhabe. Es ist wichtig, den Anfang vom Spiel im Kopf zu haben.

MIRJAM: Ich habe indessen keine Ahnung, was auf mich zukommt, das mag ich.

ANSGAR: Es ist Teil des Spieles, sie zu überraschen.

MIRJAM: Manchmal verrät er mir hinterher, dass es ganz anders gekommen sei, als er es geplant habe.

ANSGAR: Ich kann jederzeit improvisieren.

MIRJAM: Es gab schon Nächte, wo nichts Neues passiert ist. Dann ist es schön, wenn sich mein Mann gerade für diesen Abend vorgenommen hat, mich an meine Grenzen zu führen.

ANSGAR: Zum Beispiel behandle ich sie sehr lange mit allem, was mir in den Sinn kommt, ein Vibrator, Klammern, ein aufblasbarer Dildo – und sie darf nicht zum Orgasmus kommen. Falls sie doch die Beherrschung verliert, wird eine Strafe fällig.

MIRJAM: Irgendwann komme ich zu dem Punkt, an dem ich denke, dass ich es nicht mehr ohne einen Orgasmus aushalte. Dann schaffe ich es doch, mich noch zurückzuhalten, das führt bei mir anschließend zum Dauerorgasmus.

ANSGAR: Eigentlich mag sie es, wenn sie fixiert ist, so dass sie sich wirklich nicht mehr wehren kann, aber ich mache das gar nicht so oft, sondern befehle ihr nur, dass sie sich nicht bewegen darf, und das macht sie dann auch nicht. Sie strengt sich sehr an, alles so einzuhalten, wie ich es fordere, sie bettelt auch nicht um eine Erlösung.

MIRJAM: Ich habe ein Codewort, aber ich habe es noch nie gebraucht. Als besonderes Erlebnis würde ich mir wünschen, dass ein Fremder meine Grenzen austestet, so wie Ansgar das schon für andere Frauen gemacht hat.

ANSGAR: Das ist nicht aus der Welt, Mirjam.

MIRJAM: Aber ich fürchte mich gleichzeitig davor, ich kann den anderen nicht gleich fragen, was er denn machen würde, das ist doof.

ANSGAR: Ihre eigentliche Vision ist: Ein fremder Mann soll sie rannehmen, ohne dass sie weiß, was passieren wird. Aber ich soll dann doch da sein und das Geschehen so steuern, dass es ihr passt. Das ist ihre Lieblingsvision.

MIRJAM: Stimmt, er müsste eine Variante von Ansgar sein, denn ich bin und bleibe ja eine aufmüpfige Sklavin.

ANSGAR: In den vierundzwanzig Jahren, in denen ich meine große Liebe schlage und quäle, habe ich schon viele meiner Phantasien umgesetzt. Dass wir schon so lange eine glückliche Beziehung führen, liegt auch daran, wie wir unsere Sexualität ausleben. Und wir sagen uns sehr, sehr oft, dass wir uns lieben.

HELEN UND JOHANNES

Unsere Phantasien drehen sich meist um Sex mit Fremden, diese verwirklichen wir auch – wir sind Swinger.

Es ist früh am Morgen, als ich die beiden in ihrem Zimmer im Schloss interviewe. Obwohl es gestern spät geworden ist, möchten sie früh nach Hause fahren, die beigen Gucci-Koffer stehen schon gepackt neben dem Bett. Man sieht ihnen die Nacht nicht an. Sie ist mädchenhaft schlank, besitzt eine Porzellanhaut und das dunkelblonde Haar fällt glatt bis zu den Schultern. Er ist der südländische Typ, mit Dreitagebart und wenig Kopfhaar. Sie sind Anfang vierzig, beide selbständig: sie im Bürobereich, er mit einem Ingenieurbüro.

HELEN: Wir sind Swinger, und als Hannes mir den Laptop mit der Website des Veranstalters zum Lesen rüberschob, sagte ich sofort Ja. Im Vergleich zu vielen anderen Partys, die im Swingerbereich veranstaltet werden, schien diese besonders edel zu sein. Vor meiner Beziehung zu Johannes hatte ich mit der Swingerei nichts zu tun.

JOHANNES: Wir sind seit drei Jahren zusammen, und da wir sehr verliebt waren und alles perfekt passte, haben wir schon nach einem Jahr geheiratet.

HELEN: So vertraut, wie ich mich mit ihm fühle, sind wir seit hundert Jahren zusammen.

JOHANNES: Ich bin schon einmal verheiratet gewesen, auch in meiner ersten Ehe war ich Swinger. Aber das hatte mit dem Ende unserer Beziehung nichts zu tun, wir hatten einfach zu wenige Gemeinsamkeiten. Jeder lebte sein eigenes Leben. Wir waren wie zwei Freunde, die zufällig im gleichen Haus wohnten und, wenn es sich ergab, zusammen gegessen und sich miteinander unterhalten haben. Wir sind ohne Streit auseinandergegangen und auch heute noch befreundet. Nach der Trennung war mir klar, dass ich nicht lange alleine bleiben wollte. Eine Anzeige schien mir ein geeigneter Weg zu sein, also gab ich eine in der Samstagsausgabe einer Tageszeitung auf. Sinngemäß stand darin, dass ich eine Partnerin für ein Wochenende in Paris suchen würde. Aber auch eine zum gemeinsamen Einschlafen und langen Ausschlafen. Kurzum: eine, mit der ich das Leben genießen kann. Wichtig war mir, schon in der Anzeige zu erwähnen, dass sie bitte eifersuchtsfrei sein sollte.

HELEN: Und so kam ich ins Spiel. Ich las diese Anzeige und mir sprang das Wort eifersuchtsfrei ins Auge, wobei ich damit nicht das Swingen in Verbindung gebracht habe, sondern die übliche Eifersucht zwischen Mann und Frau. Ich hatte gerade eine Beziehung beendet, in der ich ständig mit der grundlosen Eifersucht meines Partners zu kämpfen hatte – eine Partnerschaft ohne Eifersucht war deshalb genau das, wonach ich mich sehnte.

»Johannes hat neben unserer Ehe noch weitere erotische Verhältnisse, mal eines, mal zwei, das ist ganz unterschiedlich. Ich habe ebenfalls ein, zwei Liebhaber.«

HELEN

JOHANNES: Schon in unserer Mail-Korrespondenz habe ich kein Geheimnis daraus gemacht, dass ich Swinger bin. Allerdings habe ich es etwas dezenter ausgedrückt: »Erotik ausleben, nicht immer nur zu zweit.«

HELEN: Das schreckte mich nicht ab. Nach ein paar Mails haben wir uns getroffen. Wir haben uns gegenübergestanden und es war sofort passiert: Wir verliebten uns ineinander.

JOHANNES: Selbstverständlich sind wir dann nach Paris gefahren. Und nicht nur das gemeinsame Einschlafen und Ausschlafen klappt wunderbar – wir genießen auch das Leben zusammen, genau so, wie ich es mir erhofft hatte.

HELEN: Wir lieben es, abends zusammenzusitzen, ein Glas Wein zu trinken, zu kochen, zu essen, vom Tag zu erzählen. Die Swingerei habe ich einfach ausprobiert: Wir sind in einen Club gegangen, und ich stellte fest, dass es zu mir passte. Ich denke, dass viele Frauen diese Phantasien im Kopf haben: eine andere Frau zum Liebespiel dazuzunehmen, sich von mehreren Männer lieben zu lassen, es in der Öffentlichkeit zu treiben. Aber sie leben diese Phantasien nicht aus, weil sie nicht können, nicht dürfen oder es sich nicht trauen. Oder weil sie eifersüchtig sind. Wir sind nicht eifersüchtig.

JOHANNES: Ich weiß gar nicht, was Eifersucht ist.

HELEN: Johannes hat neben unserer Ehe noch weitere erotische Verhältnisse, mal eines, mal zwei, das ist ganz unterschiedlich. Ich habe ebenfalls ein, zwei Liebhaber. Das ist kein Problem für uns, jeder darf die Gelegenheiten nutzen, die sich ihm bieten. Wir halten das nicht voreinander geheim, im Gegenteil: Wir erzählen uns dann gegenseitig unsere Erlebnisse. Johannes hatte dabei erwähnt, dass eine seiner Geliebten gern Prosecco trinken würde, und als ich im Supermarkt war, fiel mir das wieder ein. Spontan habe ich eine Flasche Prosecco gekauft und sie Johannes in die Hand gedrückt: »Hier, wenn du nächstes Mal zu ihr gehst, dann nimm den mit.« Ich weiß, dass Johannes zu mir gehört und ich zu ihm, in unsere Ehe könnte sich nie jemand hineindrängen. Die Sicherheit kommt aus einem tiefen Gefühl der Liebe. Er vermittelt mir das Gefühl der Einzigartigkeit und ich ihm auch. Seine Freundinnen können ihm nie all das geben, was ich ihm gebe – und ein anderer Mann kann mir nie das geben, was er mir gibt.

JOHANNES: Ich bin insofern vorsichtig, dass ich nie etwas mit einer unverheirateten Frau anfange. Bei Singlefrauen ist die Gefahr zu groß, dass sie sich früher oder später mehr als erotische Treffen wünschen und ich

Probleme bekomme, die ich vermeiden möchte. Ich bin genauso wenig besitzergreifend wie Helen. Ich gönne ihr jeden Spaß mit einem anderen Mann. Inspiriert von den verschiedenen Veranstaltungen, die wir im Laufe der letzen drei Jahre besucht haben, wollten wir etwas Eigenes auf die Beine stellen. Meine Phantasie war, dass wir Männer die Damen nach einem gemeinsam verbrachten Abend für die Nacht verlosen. Ich wusste allerdings, dass Helen sich darauf nicht einlassen würde, da sie ein recht enges Beuteschema hat. Also gestalteten wir die Spielregeln genau umgekehrt, und schon lautete das Motto des Abends ›Damenwahl‹. Wir haben dann überlegt, wie sich so etwas am besten in die Tat umsetzen lässt: Acht bis zehn unbekannte Pärchen treffen sich an der Bar eines Hotels. Man trinkt einen Cocktail zusammen und stellt sich gegenseitig vor. Während des ausgedehnten Menüs setzen sich die Herren nach jedem Gang um, so dass sie im Lauf des Abends neben jeder Dame einmal gesessen haben. Dann gehen die Herren aufs Hotelzimmer, die Damen bleiben am Tisch und verteilen die Zimmerschlüssel. Natürlich hat eine Dame auch das Recht, auf das Zimmer des eigenen Mannes zu gehen, wenn ihr keiner der fremden Herren gefällt.

HELEN: Die Planungsphase dauerte ungefähr ein Jahr. Ein geeignetes Hotel musste gefunden werden, nachdem wir fündig geworden waren, erzählten wir dort, dass wir ein Freundeskreis seien, der sich einmal im Jahr zu einem schicken Essen treffen würde.

JOHANNES: Wir sind in einem Swingerforum angemeldet. Um die Mitspieler-Paare zu finden, haben wir die Idee dort beschrieben. Überraschend schnell meldeten sich Pärchen, die altersmäßig und auch von der Attraktivität gut zusammenzupassen schienen. Leider sagten aber zwei Paare wegen anderer Termine kurzfristig ab. Die Teilnehmer haben sich richtig Mühe gegeben, das Hotelzimmer nett herzurichten. Einige hatten eine Flasche Champagner dabei, andere Kerzen, einer sogar einen CD-Player.

»Wir kennen ein Pärchen in unserer Umgebung, mit dem wir uns hin und wieder treffen, um einen erotischen Abend zu erleben. Suchen wir neue Kontakte, gehen wir auf Partys oder besuchen einen Swingerclub.«

HELEN

HELEN: Während die Männer nach dem Abendessen auf den Zimmern schmorten, trafen die Damen ihre Wahl. Frauen sind ja sehr wählerisch, viel wählerischer als Männer. Ich übernahm die schwierige Aufgabe, die Verteilung zu steuern: »Wie sieht es aus, für wen von euch kommt nur ein ganz bestimmter Herr infrage?« Da meldete sich eine und sagte, dass sie zu Johannes wolle. »Erhebt jemand Einspruch? Nein?« Schon war Johannes weg. Jetzt lagen noch sieben Bilder vor uns auf dem Tisch. Die Frauen drängten mich, als nächste meine Wahl zu treffen. Das war mir eigentlich nicht so recht, denn ich sah mich als Gastgeberin und wollte sicherstellen, dass es allen Mädels gut geht, bevor ich selber meinen Spaß habe. Also legte ich die Bilder meiner zwei Favoriten raus und sagte: »Einen davon würde ich gern auf dem Zimmer besuchen. Wer von euch ist auch auf diese Herren scharf? Einen kann ich ja abgeben.« Eine der Frauen griff zu, und so waren drei der acht Herren verteilt. Zum Schluss ging es verdammt schnell, denn es waren nur noch fünf Herren übrig und zwei Frauen wollten zu ihren eigenen Männern gehen. Vielleicht hatten sie das schon vorab so verabredet, denn die zwei Frauen hielten sich bis zum Schluss sehr zurück.

JOHANNES: Natürlich passt auch nicht jede Frau in mein Beuteschema und da zu sitzen und zu warten und zu hoffen, dass dich genau die Frau auswählt, die du gerne hättest, war schon aufregend. Und als es dann an die Tür klopfte, bekam ich feuchte Hände. Ich hatte Glück, dass ich genau von der Frau gewählt wurde, die ich mir auch ausgesucht hätte. Und da Helen mit ihrer Wahl wohl auch ins Schwarze getroffen hatte, fanden wir es so toll, dass wir das sicher wiederholen werden.

HELEN: Im Swingerforum selbst sind wir eher passiv. Wir nutzen es hauptsächlich, um uns über Neuigkeiten in der Swingerszene zu informieren. In unserem Profiltext steht, dass wir nicht auf der Suche nach anderen Pärchen sind. Wir kennen ein Pärchen in unserer Umgebung, mit dem wir uns hin und wieder treffen, um einen erotischen Abend zu erleben. Suchen wir neue Kontakte, gehen wir auf Partys oder besuchen einen Swingerclub. Dort funktioniert die Kontaktaufnahme ganz unproblematisch, da von den meisten Besuchern schnell der Körperkontakt gesucht wird. Gefalle ich einem Mann, dann streichelt er mich zum Beispiel zart am Arm. Gefällt er mir auch, dann signalisiere ich, dass ich seine Berührung genieße. Nehme ich seine Hand vorsichtig weg, dann ist klar, dass ich den Kontakt nicht mag, und das respektieren die meisten Männer auch.

JOHANNES: Außerdem haben wir ein Geheimzeichen. Wenn ein Paar uns sein Interesse signalisiert, dann fassen Helen und ich uns an den Händen. Wenn wir uns zärtlich auf dem Handrücken streicheln, heißt das, dass wir weiter gehen und versuchen eine erotische Stimmung aufzubauen. Fasst Helen aber hart zu, drückt ihren Daumen richtig fest in meine Hand, dann heißt es: »Geht nicht, der Mann kommt nicht infrage!« Wir achten sehr darauf, dass wir immer beide auf unsere Kosten kommen und nicht einer allein seinen Spaß hat – das gebietet der Respekt voreinander. Wenn wir beide uns einig über ein anderes Paar sind, ist vieles möglich: Partnertausch, Vierer oder auch ein Dreier, wobei das dann eine Frau für mich oder einen Mann für Helen bedeutet. Es macht mir Spaß, ihr zuzusehen.

HELEN: Genauso wie ich es genieße, dabei zu sein, wenn mein Mann mit einer anderen Frau zusammen ist. Eine meiner Phantasien war schon immer, meinem Partner dabei zuzusehen, wie er mit einer anderen Frau was hat. Ich stelle mir vor, wie er mit einer Unbekannten auf dem Bett liegt, dass er ihre Beine spreizt und ihre Grotte ausschlürft. Da seiner Zunge einfach keine widerstehen kann, kommt die Fremde schnell zum Höhepunkt. Dann dringt er in sie ein und nimmt sie mit festen, fordernden Stößen. Da sie schon ihren Höhepunkt hatte, darf er egoistisch sein und nur noch an sich denken. Er nimmt sie hart und lange. Ich sehe zu, bis er ihr seinen Saft in die Möse spritzt. Solche Szenen machen mich besonders geil. Und nun leben wir diese Phantasien aus. Viele Menschen verstehen das nicht, und so erzähle ich es im Freundeskreis kaum. Meine Schwester weiß inzwischen, dass wir Swinger sind. Wir haben ein sehr enges Verhältnis und telefonieren oft miteinander. Bevor ich mich ihr anvertraut habe, verliefen manche Gespräche so unehrlich. Wenn ich zum Beispiel erzählt habe, dass wir über Silvester in der Nähe von Dortmund auf einer Party waren, fragte sie natürlich nach: »Wer ist das denn? Kenne ich die?« Und schon die erste Frage konnte ich nicht beantworten. Das fand ich irgendwann zu anstrengend und habe ihr gesagt, was wir machen. Sie hat ein paar Fragen dazu gestellt, dann war es für sie okay. Ich habe es mittlerweile auch zwei Freundinnen erzählt, auch die haben kein Problem damit.

JOHANNES: Wir gehen ausschließlich in Pärchenclubs, nicht in Herrenüberschussclubs. Zwischen den Clubs gibt es schon Unterschiede, das Niveau regelt sich meist über den Eintritt. Wir haben einen Lieblingsclub, dort gefallen uns die Einrichtung, das Publikum und die Atmosphäre. Aber auch dort sind wir nicht Dauergast, insgesamt besuchen wir vielleicht viermal im Jahr einen Club oder eine erotische Veranstaltung.

HELEN: Wir erleben die Abende als etwas Besonderes, und das soll auch so bleiben. So freute mich auch richtig auf die Nacht der Masken. Seit Langem war das mal wieder ein Event, bei dem ich mit Herz und Seele ja sagen konnte und ich kleidete mich sogar neu ein. Eine Freundin von mir ist Schneiderin. Sie hat die Korsage von Hand gearbeitet und auch den Rock nach unseren Vorstellungen genäht. Er ist sehr elegant und besteht aus einzelnen sich überlappenden Stoffbahnen. Somit ist er beim Spiel kein Hindernis.

JOHANNES: Ich brachte mir von einer Geschäftsreise in Indien ein langes Jackett und eine Dreiviertelhose aus grauer Seide mit. Dazu trug ich ein weißes Rüschenhemd und weiße Strümpfe, so wie die Herrenmode in der Rokokozeit war. So sorgfältig wir diesen Abend vorbereitet haben, mit Masken, Kleidern, Schuhen, so aufmerksam gehen wir mit vielen Bereichen in unserem Leben um. Ich reise beruflich sehr viel, manchmal bin ich zwei Wochen am Stück unterwegs. In dieser Zeit versuchen wir, in sehr intimem Kontakt zu bleiben, und haben für uns das ideale Medium gefunden. Wir schreiben uns Geschichten.

HELEN: Dann sind wir uns darüber immer sehr nahe. Einer von uns beiden fängt mit ein paar erotischen Sätzen an. Der andere schreibt drei, vier Zeilen weiter, am nächsten Tag wechseln wir uns wieder ab.

JOHANNES: So lernt jeder auch die Vorlieben des anderen kennen, ohne dass wir groß darüber reden.

HELEN: Die letzte Geschichte hieß ›Die Sklavin‹, die ersten Zeilen stammten von mir: »Heute war wieder so ein Tag. Etwas Besonderes lag in der Luft. Schon als ich aufwachte, wusste ich, dass ich meiner Aufgabe nachkommen musste. Mein Herr wollte seine Robinja haben. Ich war bereit. Ich wollte mich meiner Aufgabe, meiner heutigen Bestimmung stellen.«

JOHANNES: Darauf antwortete ich: »Während ich schlief, hatte mein Herr schon die Aufgabe vorbereitet, im Badezimmer lag ein verschlossener Umschlag mit Anweisungen. Wenn ich ihn aufmache, muss ich die Anweisungen befolgen. Nach einem kurzen Zögern öffnete ich ihn und las. « Diese Geschichte hat einen realen Bezug, Helen geht manchmal freiwillig in die devote Rolle. Wir haben dazu ein bestimmtes Ritual entwickelt. Ich schreibe eine Geschichte darüber, was mir vorschwebt. Gefällt ihr der Vorschlag, dann leben wir das angedachte Szenario aus. Gedanken und Realität sind zwei Paar Schuhe, und ich weiß nicht, ob sie an dem Tag, an dem ich dazu Lust hätte, auch dazu bereit wäre. Das teste ich, indem ich ihr einen Brief mit Anweisungen hinlege.

HELEN: Diese beinhalten meist auch eine Kleidervorschrift: »Ziehe einen kurzen Rock an, keinen Slip, eine transparente Bluse mit einem schwarzen BH, halterlose Strümpfe sowie hochhackige Schuhe.«

JOHANNES: Wenn Helen keine Lust an dem Tag hat, dann öffnet sie den Umschlag mit den Anweisungen nicht. Wir reden dann auch nicht darüber, sie macht es einfach nicht und fertig. Unsere Phantasien drehen sich meist um Sex mit Fremden, mit Männern, Frauen oder sogar Fabelwesen. In der Geschichte mit der Sklavin ging es darum, dass Helen in ein Haus geführt wird, in dem sie von vielen benutzt wird. Von diesen ausgefallenen Phantasien hat sich gestern leider keine erfüllt. Das war auch nicht unsere Erwartung, aber das so wenig passiert ist, fanden wir schade.

HELEN: Ein Teil des Reizes war das Versteckspiel hinter den Masken. Man sieht nicht, wer dahinter verborgen ist. Man gibt sich nicht ganz zu erkennen, offenbart sich nicht vollends. So gesehen hatten wir gestern auf jeden Fall Spaß, aber ich war überrascht, dass so wenige swingen wollten.

JOHANNES: Und nur die Hälfte der Gäste hatte sich an das Thema ›Mittelalter, Rokokozeit‹ gehalten. Selbst die Veranstalter waren nicht pompös im Rokokostil gekleidet. Einige Gäste waren sogar in Lackkleidern da.

HELEN: … und zogen ihre Begleitungen an Hundeleinen hinter sich her. Das ist absolut nicht unser Ding. Auch die Performance, die in dem großen Rittersaal aufgeführt wurde, war eine kleine SM-Session. Da saß ich nun an dem großen runden Tisch, wartete auf den nächsten Gang und fühlte mich bei der Darbietung sehr unwohl. Ich stehe nicht auf SM, wollte aber auch nicht die ganze Zeit demonstrativ wegschauen, also bin ich rausgegangen.

JOHANNES: Die Vorführung begann sehr schön, mit sinnlicher Musik, aber dann hat mich der Gang der Geschichte nicht angeturnt. Eine Schauspielerin mimte die Schlossherrin und eine andere ihren Pagen. Die Schlossherrin bestrafte ihn recht ruppig mit Schlägen und mit Kneifen. Sie zog ihn unsanft aus, und nur deshalb konnten wir überhaupt feststellen, dass der Page eine junge, androgyn wirkende Frau war. Ihr wurde dann noch eine besondere Behandlung zuteil: Die Schlossherrin vögelte sie – ebenfalls sehr unsanft – mit einem überdimensionierten Dildo. Die Übergänge zwischen Schlagen und Ausziehen und Vögeln erfolgten alle sehr abrupt, und mein Eindruck war, dass die Darbietung überhaupt nicht in den Rahmen des Galadinners passte. Wir hatten ein nettes Pärchen am Tisch, sie gefiel mir und er gefiel Helen, dafür haben wir ja unser Handzeichen. Dann erzählte er, dass er einen Keuschheitsgürtel tragen würde und seine Partnerin die Kontrolle über ihn besäße, indem sie ihn mit Stromstößen maßregeln könne. Da wusste ich, dass das Lustempfinden von Helen nun gegen null tendieren wird. Helen steht auf den dominanten, nicht auf den devoten Mann. Ich habe deshalb noch einmal nachgefragt, ob ich das auch richtig verstanden habe, denn in umgekehrter Rollenverteilung wäre es kein Problem gewesen.

HELEN: Nach dem Essen hat mich Johannes kurz allein gelassen, und ich habe mir die Zeit damit vertrieben, mit zwei Männern anzubandeln. Nun, zumindest habe ich es versucht – vergeblich.

JOHANNES: Und das passiert Helen selten. Sie ist schlank, attraktiv und hat an diesem Abend besonders schön ausgesehen.

HELEN: Die Herren standen auf der Wendeltreppe zwei Stufen unter mir und warteten wohl auf ihre Frauen. Ich sprach sie direkt an: »Es sieht so aus, als ob ihr beiden auf eure Frauen wartet, ich warte auf meinen Mann, und es ist ganz schön kalt hier. Wir könnten uns doch gegenseitig wärmen.« Und die beiden waren durchaus recht angetan von mir: »Ja, das ist eine gute Idee. Du könntest in unsere Mitte kommen.« In dem Moment kam aber eine Frau dazu, sie sprachen kurz miteinander, und dann zog die Frau sie weg. Offensichtlich durften die Männer nichts mit mir anfangen. Entweder waren gestern nicht viele Swinger da, oder es liegt an der Ausstattung der Räume. Es gibt keine riesige Spielwiese, wie es in einem Swingerclub üblich ist, auf der sich sechs, sieben oder acht Pärchen gleichzeitig tummeln könnten. Aber vielleicht ist die Raumgestaltung auch auf das Publikum zugeschnitten. Ich hatte das Gefühl, dass die Gäste die kleinen Räume wie Hotelzimmer benutzten, die Türe von innen schließen und ihr eigenes Ding machen.

JOHANNES: Also haben auch wir unser eigenes Ding gemacht, ich verwöhnte Helen auf dem Gynäkologenstuhl.

HELEN: Das war für mich die einzige Möglichkeit, ein bisschen Spaß zu bekommen. Obwohl wir für diesen Abend die Regel, nur paarweise zu swingen, aufgehoben hatten, lief in der Richtung nichts. Ich sagte zu Johannes, dass der Stuhl der einzige Ort sei, auf den ich mich einlassen könnte, und lieb wie er ist, hat er sich dann richtig ins Zeug gelegt. Insgesamt war das Fest schon ein Erlebnis, es herrschte ohne Zweifel eine erotische Spannung, das Essen war lecker, der Wein auch. Das Schloss selbst ist toll und hat Stil.

JOHANNES: Ich kann jetzt noch nicht sagen, ob wir wiederkommen werden. Mal sehen, wie die gewonnenen Eindrücke nachwirken.

In ihrem spektakulären Abendkleid, der exaltierten schwarzen Maske mit silberfarbenen Ornamenten und Federschmuck und den supertoll geschminkten Lippen fällt sie auf. Es ist leicht, mit der sechsunddreißigjährigen Unternehmensberaterin ins Gespräch zu kommen. Auskunftsfreudig erzählt sie über ihren Fetisch: Sie ist die Widerspenstige, und ihr Mann darf sie zähmen.

PIA

Bei mir muss der dominante Part ein Gentleman sein, der mich zwar dominieren, aber nicht demütigen darf.

Eine Freundin erzählte mir, dass sie als Escort arbeiten möchte, und nannte mir die Agentur, bei der sie sich informiert hatte. Das Thema fand ich sehr spannend, also schaute ich mir die Agentur im Netz an. Interessehalber habe ich noch andere Escort-Agenturen angesurft. Auf einer der Seiten stand ein Hinweis auf die Nacht der Masken. Die Idee eines erotisch-frivolen Festes in einem exquisiten Ambiente mit Menschen in aufwendigen Kleidern, die Masken tragen, hat mich sofort an die *Traumnovelle* von Arthur Schnitzler erinnert. Obwohl es bereits gut zehn Jahre her war, dass ich das Buch gelesen hatte, konnte ich mich noch lebhaft an die Festszene erinnern. Im Internet habe ich dann weiter nach der Nacht der Masken gesucht und bin schlussendlich fündig geworden. Von der weiteren Beschreibung war ich ganz inspiriert und ließ mich daher auf den Verteiler für den Newsletter setzen. Sobald es dann terminlich passte, bestellte mein Mann die Karten und schenkte mir den Besuch zum Geburtstag.

Ich verband mit der Veranstaltung die Hoffnung, verschiedene Aspekte miteinander zu verbinden, die in meinem Leben eine bedeutsame Rolle spielen. Zum einen mein Bestreben, Erotik als Ästhetik zu zelebrieren, zum anderen in eine SM-Szenerie einzutauchen, denn mein Mann und ich bewegen uns langsam in den Bereich SM hinein. Beides schien sich dort schön zusammenzufügen, denn mich reizt die Vorstellung, in einem Schloss mit einem echten Gewölbekeller zu spielen. Sexualität hat für mich vielerlei Facetten – von ursprünglich-bodenständigem Sex bis hin zur Erotik als Kunstform. Ich finde es auch spannend, wenn Kunst und Literatur eine erotische Konnotation haben. Gewöhnliche erotische Literatur, die sprachlich oft sehr grob ist und das Geschehen meist zu deutlich benennt, ist allerdings nicht meins. Es muss schon subtiler zugehen, vielleicht nur eine Andeutung, die als erotischer Funke in meiner Phantasie ein Feuerwerk auszulösen vermag. Schnitzler hat das in der *Traumnovelle* genial gelöst, mir ist noch immer nicht klar, was genau passiert, wo die Wirklichkeit endet und der Traum beginnt.

Ich genieße es, Situationen eine besondere Bedeutung zu geben, indem ich sie zelebriere. Ein Beispiel: Ich kann jeden Abend etwas kochen und es nebenher beim Fernsehen essen – was ich übrigens vielleicht einmal im Schaltjahr tue. Ich kann mich aber auch an einen Tisch setzen, ein paar Kerzen anzünden und im Hintergrund leise Musik laufen lassen. Oder ich kann ein Menü kreieren. Dann überlege ich genau, was ich koche. Welche Vorspeise zu welchem Zwischengang passt und welches Hauptgericht das Herzstück bildet. Was es zum Dessert gibt und welchen Wein ich zu den jeweiligen Gängen reichen möchte. Ich beschäftige mich vorab intensiv mit dem Abend und überlasse nichts dem Zufall. Ich decke den Tisch besonders ein, achte darauf, dass die Weine wohltemperiert sind und dass alle Gerichte auf die Minute genau gar sind. Ich plane das Menü mit all meinen Sinnen und meinem Verstand. Genauso zelebriere ich Erotik, ein gelungener Abend ist es für mich dann, wenn alles aufeinander abgestimmt ist, eine gewisse Choreografie vorhanden ist, und im besten Fall wird sie zur Kunstform.

Natürlich ist das nicht immer so, so wie ich auch nicht jeden Tag ein solch schönes Menü kochen werde. Ich habe während der Woche viel zu tun, da bleibt wenig Raum für die intensive erotische Gestaltung. Aber an den Wochenenden nehme ich mir gerne mehr Zeit für unsere Sexualität. Und so wie ich gerne mal auswärts essen gehe, so möchte ich auch in der Sexualität ab und an etwas anderes verwirklichen. Dafür ist dann so ein Rahmen, wie ihn die Nacht der Masken bietet, ideal. Schon in der Vorankündigung passte alles zusammen: das Schloss, die Masken und das Menü. Es war nicht unser erster Ausflug dieser Art. Wir haben schon häufiger das Catonium besucht, einen sehr schönen Club in Hamburg mit Schwerpunkt auf Fetisch und BDSM. Es gibt dort einen gotischen Saal, eine romanische Halle, aber auch kleine Nischen, in denen Spielgeräte stehen, und Räume, deren Türen sich schließen lassen. So kann ich selbst entscheiden, ob ich Zuschauer haben möchte oder nicht. Diese Mischung zwischen privat und öffentlich, bei der ich entscheide, wo ich meine Grenze ziehe, gefällt mir extrem gut. Im Cantonium waren mein Mann und ich das erste Mal mit Freunden aus Hamburg, die sich in der Szene sehr gut auskennen. Wir fanden es schön, sie dabeizuhaben, denn das gab uns eine gewisse Sicherheit. Zu zweit hätten wir wohl eher nur rumgesessen, vielleicht hätten wir uns schüchtern ein wenig umgeschaut. Es dauert seine Zeit, bis man sich in SM einfühlt. Man ist ja nicht sofort ein Profi, das ergibt sich erst aus der Menge der Erfahrungen. Es ist ein Unterschied, ob ich alleine ausprobiere oder ob ich mal jemanden was fragen kann. Mein Mann hat zum Beispiel unseren Freund gebeten, ihm die Funktion einzelner Geräte zu erklären, denn nicht jedes Spielgerät erschließt sich auf Anhieb.

So ein offenes Verhältnis haben wir nicht zu all unseren Freunden, das ist klar. In diesem Fall ist die Frau eine sehr gute Freundin von mir, und ich wusste aus vielen Gesprächen, dass sie total gut mit dem Thema Sexualität und SM umgehen kann. Es ist wichtig für mich zu wissen, dass ich mit ihr darüber sprechen kann, und auch mein Mann freut sich über die Austauschmöglichkeiten. Unsere Freunde haben die gleiche Leidenschaft wie wir, aber einen viel größeren Erfahrungsschatz und -vorsprung. Insofern war es für uns echt spannend, mit ihnen unterwegs zu sein und von ihnen lernen zu können. Was ich wirklich mag und sehr ansprechend finde, ist, wenn ein Spiel sorgfältig inszeniert oder in eine Rahmenhandlung eingebunden wird. Da habe ich im Cantonium etwas Beeindruckendes erlebt, als ein Pärchen dort den Gästen eine wunderbare Session bot: Mit einer langen Papprolle, die mit Folie umwickelt war, hat er ihr mittelmäßig stark, in variierendem Rhythmus auf den Popo gehauen, den sie ihm kniend dargeboten hat. Dabei erinnerte er mich an einen Samurai, seine Bewegungen waren weit ausholend und sehr beherrscht, fast kunstvoll. Danach spielte er mit einem großen Messer, wobei ich gar nicht weiß, ob das scharf war, an ihr herum. Erst dachte ich, dass ich da nicht hingucken kann. Aber er hat ihr keine Verletzungen zugefügt. Der Kick dabei war sicher, dass er es könnte, wenn er wollte, es aber nicht tut. Aber natürlich bleibt dennoch ein Restrisiko – und das finde ich spannend. Das ist vielleicht der wichtigste Punkt für mich überhaupt: die psychologischen Momente der Inszenierung. Wenn ich mich ausliefere und nicht genau weiß, was passieren wird. In diesem Kontext erinnere ich mich noch an ein anderes Pärchen. Sie stand an eine Säule gebunden und hatte die Augen verbunden. Ihr Dominus ging immer wieder weg, und sie wusste nie, wo er sich gerade aufhielt. Hatte er wirklich den Raum verlassen? War sie

allein, oder stand er nur in ein paar Metern Entfernung da und beobachtete sie? Wann und wie würde er sich ihr wieder zuwenden? Würde er allein zurückkehren oder würde er jemanden mitbringen? Und in all der Ungewissheit war er plötzlich wieder da, mal nach zwei Minuten, mal nach fünf, manchmal auch erst nach zehn – und füllte mit seinem Erscheinen plötzlich das Vakuum ihres Wartens aus. Auch hier fand ich vor allem das Spiel mit den Gegensätzen sehr erregend. Das unsichere Alleinsein und dann plötzlich die intensive Zugewandtheit – mal zärtlich streichelnd, mal dominant präsent, indem er sie in ihre Brustwarzen kniff oder mit dem Paddle auf ihren Hintern hieb. Und tatsächlich – einmal hatte er einen männlichen Begleiter dabei, dem er erlaubte, sie an der Brust zu streicheln. Dies gefiel auch meinem Mann sehr gut, denn eine seiner Phantasien ist, dass ein zweiter Dom sich an unserem Spiel beteiligt. Er will entscheiden, wer noch über mich verfügen kann. Das wäre für ihn der perfekte Beweis für meine Unterwerfung.Wenn ich an ihrer Stelle gewesen wäre, hätte ich mit meinem Mann allerdings vorher den Rahmen, was noch okay für mich wäre, abgesteckt. Ich weiß nicht, ob das alle Paare so machen, für mich ist das aber eine Voraussetzung, um mich auf ein solches Spiel einlassen zu können. Ich nehme an, dass die meisten Besucher der Nacht der Masken im Freundeskreis nicht darüber sprechen. Wir haben aber bei einem Abendessen mit anderen Freunden von unseren Plänen erzählt. Den SM-Aspekt haben wir dabei nicht zu sehr betont, eher davon erzählt, dass wir was Spannendes und Neues kennenlernen möchten. Die Freunde reagierten mit Neugierde und Interesse. Weil wir uns geöffnet hatten, haben sie erzählt, dass sie ab und zu einen Swingerclub besuchen. Wir haben uns nicht über Techniken unterhalten, sondern darüber, wie man sich zusätzlich zum Alltag des ehelichen Sexuallebens noch einen Kick holen kann. Als sie andeuteten, dass sie gerne mitkommen würden, habe ich ihnen gesagt, dass wir das gerne erst mal für uns ausprobieren möchten.

»Denn bei uns geht es nicht um Sadismus und Masochismus, sondern eher um Dominanz und die ›Zähmung der Widerspenstigen‹ – insofern würde ich mich noch nicht einmal wirklich als devot bezeichnen, eher als passiv.« PIA

Jetzt, nach dem Besuch, denke ich, dass die Party sehr gut zu unseren Freunden passen würde, ich erlebte sie wie eine frivole Party und war etwas enttäuscht, dass der Schwerpunkt der Nacht der Masken nicht eindeutiger auf Fetisch und SM liegt. Das hatte ich nach der Beschreibung auf der Website eigentlich erwartet. Stattdessen wirkte die Veranstaltung zumindest auf mich eher wie eine edle Swingerparty mit ein paar SM-Facilities.Wobei SM auch nicht ganz der richtige Ausdruck für das ist, was mir gefällt. Ich müsste besser von BDSM sprechen. Denn bei uns geht es nicht um Sadismus und Masochismus, sondern eher um Dominanz und die ›Zähmung der Widerspenstigen‹ – insofern würde ich mich noch nicht einmal wirklich als devot bezeichnen, eher als passiv. Daher bin ich – wenn wir nicht gerade spielen – auch nicht als der passive Part erkennbar: Ich trage keinen Ring der O, würde mich nie an einer Leine führen lassen, und die Getränke muss mein Mann schon selber holen – für sich und mich. Ich bin eine starke Persönlichkeit und will auch auf so einem Fest als solche wahrgenommen werden. Nur beim Spielen werde ich schwach, und dann gebe ich auch gern die Verantwortung ab. Ich mag es, wenn ich da – bildlich gesprochen – unter den Händen meines Mannes zu Wachs werde, weich und formbar.

»Vielleicht empfinde ich es, gerade weil ich im normalen Leben eine starke, selbstbewusste Frau bin, als extrem erregend, wenn ein Mann stärker ist als ich. Und bei BDSM manifestiert sich diese Stärke, sie wird fühlbar, und das ist das für mich Entscheidende.«

Mein Mann und ich sind seit sieben Jahren zusammen. Wir haben die Erotik schon von Anfang an zelebriert. Es ist erstaunlich, was alles möglich ist, wenn man sich darauf einstimmt und sich Zeit nimmt. Das heißt jetzt nicht, dass wir jedes Wochenende so verbringen, aber wir achten ganz bewusst darauf, für die schönste Sache der Welt zeitliche Freiräume zu schaffen. Wir verabreden den Abend, an dem wir uns intensiver miteinander beschäftigen möchten, ich ziehe mich schön an und schminke mich dafür aufwendiger. Das Schminken ist für mich ein sinnlicher Akt, die Lippenkonturen nachzufahren und mit einem Pinsel die Lippen auszumalen, finde ich hocherotisch. Das ist für mich der Beginn des Vorspiels. Wir machen ganz Verschiedenes, mal ein kleines, privates Fotoshooting, dabei übernimmt er den logistischen Part, sorgt für die richtige Beleuchtung und stellt die Kamera auf. Oder wir essen was zusammen und stimmen uns in dieser Zeit verbal mit feinsinnigen Schweinereien und Andeutungen auf das ein, was da noch kommen mag.

Das Thema BDSM bewegt mich in der Phantasie schon, seit ich zwanzig bin. Es ist nicht in erster Linie der körperliche Schmerz, der mir Lust bereitet, sondern die Unterwerfung. Vielleicht empfinde ich es, gerade weil ich im normalen Leben eine starke, selbstbewusste Frau bin, als extrem erregend, wenn ein Mann stärker ist als ich. Und bei BDSM manifestiert sich diese Stärke, sie wird fühlbar, und das ist das für mich Entscheidende. Auch wenn ich sage, dass es bei mir nicht in erster Linie um den körperlichen Schmerz geht, so finde ich doch eine mäßig schmerzhafte Behandlung sehr erregend. Zwanzig wohldosierte Schläge mit einem Paddle, was ein leichtes Brennen auf dem Hintern hinterlässt, das gefällt mir schon sehr gut, vor allem wenn mein Po davor, danach oder dazwischen auch die eine oder andere Streicheleinheit bekommt. Aber alles, was Striemen oder blaue Flecken hinterlässt, geht gar nicht, tatsächliche Schmerzen turnen mich echt ab. Wie gesagt, eine Affinität zu BDSM habe ich schon mit etwa zwanzig entwickelt, ohne diesen Begriff zu verwenden. Irgendwann begann mein langjähriger Freund mir beim Sex auf den Po zu hauen, und ich fand das irgendwie toll und erregend. Das haben wir dann eine Zeit lang bewusster und gezielter gemacht, und gerne hätte ich mich weiter in diese Richtung vorgetastet. Bevor wir allerdings gemeinsam richtig Erfahrung hätten sammeln können, war unsere Beziehung nach fünf Jahren Partnerschaft zu Ende.

Die Erfahrungen zum Ende meiner Beziehung fand ich ganz spannend, ich wusste da aber noch nicht, ob ich das wirklich will. Damals war BDSM noch kein Thema, über das man sprach, ich hatte niemanden, um mich darüber auszutauschen. Heutzutage ist es fast schon en vogue, die Mode zitiert SM und überall bekommt man passende Accessoires. Mein zweiter langjähriger Freund mochte mehr den natürlichen, erdverbundenen Sex. Da gab es kein großes Vorspiel, sondern den unmittelbaren Angriff und schwupps landeten wir schon in der Kiste und hatten ehrlichen Sex – kein Chichi und kein Tamtam, sondern kurz und heftig. Erst bei meinem jetzigen Mann hat sich das Thema wieder ergeben. Ich vermute, dass ich subtile Signale ausgesendet habe, wenn er mich mal etwas derber anfasste. Oder ich zeigte mit meiner Körperhaltung, indem ich meine Hände bei erhobenen Armen in etwa so zusammenführte, als wäre ich gefesselt, dass mir das gefallen könnte. Mein Mann ist ein sehr sensibler Mensch und gleichzeitig neugierig, offen und interessiert. Daher hat er diese subtilen Botschaften auch aufgegriffen und einfach mal ausprobiert. Mittlerweile ist aus der anfänglichen Neugierde eine gewisse Neigung geworden. Wobei ich das Wort Neigung nicht mag. Für mich schwingt da immer ›krankhaft‹ mit, als sei BDSM pathologisch. Sadomasochismus erscheint ja tatsächlich bis heute als Nummer F.65.5 im ICD-Klassifikationssystem der psychischen Erkrankungen. Das finde ich echt krass, denn ich halt mich nicht für krank, nur weil ich es mag, beim Sex mit meinem Mann den passiven Teil zu übernehmen. In der Zwischenzeit besitzen wir auch einen Koffer mit Brustklemmen, Gewichten, einem größeren Dildo, einem Plug und Gleitcreme, Ketten, Karabiner, einer Peitsche und einem Paddle. Das klatscht sehr schön, tut aber nicht so weh. Auf einen Rohrstock lege ich keinen Wert, der schmerzt zu sehr. Und dann sind noch schwarze Latexhandschuhe dabei.

Aber eine Maske, wie ich sie mir für das Fest vorgestellt habe, musste ich mir erst kaufen. Zuerst habe ich für den Maskenkauf die Adressen im Internet besucht, die auf der Internetseite von den Veranstaltern genannt wurden. Aber ich finde es schwierig, eine Maske einfach so über das Internet zu bestellen. Durch Zufall fand ich dann einen Maskenanbieter im süddeutschen Raum. Nach einem kurzen Telefonat war klar, dass ich ganz unkompliziert vorbeischauen kann und mit meinem Abendkleid und den High Heels im Gepäck bin ich ein paar Tage später auch schon hingefahren. Dort habe ich dann zig Masken anprobiert und dabei eine ganze Menge gelernt. Jetzt weiß ich zum Beispiel, dass es jeweils typische Masken für den dominanten und den devoten Part gibt. Und Masken, die beide Seiten tragen können. Am Ende habe ich mich für eines der exaltiertesten Modelle entschieden – schwarz mit silberfarbenen Ornamenten und viel asymmetrischem Federschmuck. Es passte einfach genial zu meinem Kleid, das ich schon Wochen davor in einer abgefahrenen Boutique in Hamburg gekauft hatte. Obwohl es sehr teuer war und eigentlich mein Budget sprengte, war mir klar, dass ich das Kleid haben musste, wollte ich ihm nicht noch Jahre hinterhertrauern. Es ist ein Mantelkleid – ganz auf Taille gearbeitet, vorne geschlossen bis knapp zur Schenkelmitte und hinten bodenlang – einfach spektakulär.

Für die Nacht der Masken selbst sind wir schon am Mittag angereist, so dass wir im Hotel genügend Zeit für die Vorbereitung hatten: duschen, eincremen, parfümieren, schminken. Da ich später die Maske tragen sollte, habe ich meine Augen besonders betont. Das mache ich gern in Ruhe und ohne Zeitdruck, sonst nimmt mir das was von dem Erlebnis. Als wir dann probeweise die Masken aufsetzten, war das schon ein ganz besonderes Gefühl. Dann ging es los in Richtung Schloss – natürlich erst mal ohne Masken. Da wir relativ früh im Schloss ankamen, hatten wir genügend Zeit, uns umzusehen. Als ich die SM-Geräte sah, war ich etwas enttäuscht, da vorwiegend die Standardsachen wie Andreaskreuz, Streckbank und Gynäkologenstuhl da waren. Allerdings auch – und das fand ich jetzt spannend – ein paar Käfige. Da ich gerne mit Menschen spreche, kamen wir schnell mit einem anderen Paar ins Gespräch. Darüber waren nicht nur wir, sondern auch sie ganz froh, denn die beiden waren ebenfalls zum ersten Mal auf der Nacht der Masken. So hatten wir dann auch gleich Tischnachbarn gefunden.

Nach dem Dinner sind wir in den Gewölbekeller hinuntergestiegen und gleich in der Nähe eines Pärchens stehen geblieben, das sich dort amüsierte. Sie hatte eine geschlossene Latexmaske auf, die nur Atemschlitze besaß. Die

»Mein Ideal ist der dominante Casanova, der wissend seine Partnerin dahin bringt, ihm willenlos ergeben zu sein.« PIA

Maske fand ich eher abschreckend denn erregend, aber es war interessant für mich, die beiden zu beobachten, weil sie auf eine ganz andere Art spielten als wir: Er war ziemlich grob zu ihr und hat sie auch mit irgendwelchen elektrischen Geräten stimuliert – nicht wirklich das, was mir gefällt. Bei mir muss der dominante Part ein Gentleman sein, der mich zwar dominieren, aber nicht demütigen darf. So Sachen wie mir ins Gesicht zu schlagen oder den Fuß auf mir abstellen – das ist absolut tabu. Mein Ideal ist der dominante Casanova, der wissend seine Partnerin dahin bringt, ihm willenlos ergeben zu sein. So einen dominanten Casanova gab es auf der Nacht der Masken übrigens auch: Total auf seine Partnerin konzentriert hat er sehr achtsam und behutsam und ohne jede Brutalität seine Sub subtil verwöhnt und drangsaliert. Das hat mir sehr gut gefallen. Die beiden Paare, von welchen ich gerade erzähle, spielten nahe beieinander, die einen auf einem Streckstuhl, die anderen auf einer Liege, so dass wir bestimmt zwanzig Minuten lang bei zwei sehr gegensätzlichen Sessions Zuschauer sein konnten.

In den Spielsälen waren kleine rote Lichtröhren ausgelegt, die als Orientierung in die Räume führten. Das fand ich hübsch, und so folgten wir dem Rotlicht in die oberen Säle. Unter anderem führte es uns auch zu einem Matratzenlager, wo sich ein Haufen kopulierender Menschen tummelte. Das hat mich dann doch ziemlich befremdet. Schade, dass in diesem, ich nenne ihn mal salopp ›Swingerraum‹, auch SM-Geräte standen. Für mich kein nachvollziehbares Konzept, ich fände es besser, da klarer zu trennen. Irgendwann kommt auf so einem Event der Punkt, an dem man aktiv werden möchte. Es ist ein innerer Impuls, der einem sagt, dass man nun genug gesehen habe und es Zeit sei, sich selbst auszuleben. Die Besuche im Cantonium hatten mir schon die Scheu davor genommen, denn wir hatten dort eigene Sessions gespielt.

Von der Location her fand ich die Nacht der Masken wirklich schön, und so dachte ich, dass es nicht schwierig sein wird, ein Spiel zu beginnen. Aber dann merkte ich, dass mir dazu geschützte Ecken fehlten, wo ich mehr Entscheidungsfreiheit habe hinsichtlich der Frage, inwieweit wir andere Anwesende mit einbeziehen wollen. Im gesamten Schloss waren die SM-Räumlichkeiten so offen, dass ich mich wie auf dem Präsentierteller fühlte. So hatte ich keine Kontrolle über die Art und Anzahl der Zuschauer – das gefällt mir nicht, da werde ich leicht befangen. Die Anzahl der Gäste war mir beinahe schon zu viel, auch wenn sie sich in den weitläufigen Räumen gut verteilten. Keine gute Voraussetzung für ein entspanntes Spielen. Daher hat es auch eine ganze Weile gedauert, bis mein Mann und ich uns entschieden hatten, ein

Spiel im Gewölbekeller zu beginnen. Ich saß schon auf dem Gynäkologenstuhl, just in diesem Augenblick kamen vier Swinger rein. Sie waren laut und ausgelassen, die eine Frau setzte sich auf einen der Käfige und meinte, es sei hier zu ruhig, jetzt würden sie mal Party machen. Das würde ein SMler nie sagen, die Stimmung war futsch, denn sie lachten miteinander und stießen mit ihren Weingläsern an. Da hätte ich am liebsten die Flucht ergriffen, weil für mich die Ruhe, die Musik, die ganze Atmosphäre entscheidend sind, um mich fallen lassen zu können. Wie soll ich bei dem Gelächter die richtige Verbindung zu unserem SM-Thema bekommen?

Aber dann haben sie sich doch recht schnell geeinigt, wer sich mit wem vergnügt, und waren beschäftigt. Wir wandten uns wieder unserem Spiel zu. Mein Mann verband mir die Augen. Während ich fixiert auf dem Gynäkologenstuhl saß und mich fragte, was passieren wird, fing mein Mann an, in unserer Spieltasche zu stöbern – offensichtlich hatte er Schwierigkeiten, das Richtige zu finden. Das fand ich irgendwie total abturnend, und umso länger es dauerte, desto ungeduldiger wurde ich. Das Warten ist für mich normalerweise die sich im Unterbewussten entwickelnde Erwartung dessen, was da kommt, und deshalb spannend und erregend – zumindest wenn der dominante Part die Fäden in der Hand hält. Wenn der dominante Part allerdings nicht voll präsent ist, den Faden verliert oder ohne Plan agiert, dann kann für mich die ganze Session leicht kippen. Unser Koffer ist eigentlich gut sortiert, aber ohne Choreografie ist das tollste Spielzeug leider nichts wert. Später haben wir dann einen zweiten Versuch unternommen und sind auch sehr schön in das Spiel hineingekommen. Dennoch ging unsere Inszenierung leider wieder schief. Denn dann ist unglücklicherweise die Bank, auf der ich mit gespreizten Beinen saß, nach unten gekracht. Das war nicht angenehm, außerdem habe ich gemerkt, dass es nicht geplant war und mein Mann die Situation zumindest für den Moment nicht unter Kontrolle hatte. Ich reagierte panisch. In dem Moment, wo ich mich fixieren lasse, gebe ich ja die Kontrolle über mich ab. Die Verantwortung liegt bei dem anderen, wenn ich die Augen verbunden habe, sogar noch mehr. In diesem Fall wollte ich eine gefühlsmäßige Fokussierung haben, dafür war es besser, nichts zu sehen. Nur wenn ich weiß, er plant etwas, wo ein optisches Stimulans entsteht, verzichte ich auf die Augenbinde. Im öffentlichen Raum ist es mir auch grundsätzlich lieber, wenn ich die Augen verbunden habe. Dann muss aber eine bessere Absprache stattfinden. Als die Bank niederkrachte, war ich im ersten Moment total erschrocken und dann ziemlich sauer auf meinen Mann. Ich hatte mich fallen lassen und dann passierte so was. Ich dachte erst mal, dass er einfach nicht achtsam genug war, doch dann stellte sich heraus, dass eine Stellschraube nicht richtig arretiert gewesen war. Das war nicht unbedingt vorhersehbar, aber dennoch liegt es irgendwie im Verantwortungsbereich des dominanten Parts. In solchen Situationen wird mir dann bewusst, wie viel der dominante Part doch zu tragen hat und dass es gar nicht einfach ist, dominant zu sein.

Im Augenblick laufen unsere BDSM-Spiele für meinen Geschmack zu partnerschaftlich zwischen uns ab. Mein Mann checkt immer ab, ob ich gut finde, was er plant. Es würde mir besser gefallen, wenn wir im Vorfeld unsere Rollen klären würden und ein Drehbuch hätten, in dessen Rahmen mein Mann dann aber selbstständig agieren kann. Das Drehbuch könnten wir zusammen schreiben, dadurch würde schon die Vorbereitung zu einem erotischen Highlight. Aber auch das Spielen wäre dann aufreizender, denn anstatt immer wieder direkt bei mir zu checken, ob das, was er tut, noch klargeht, könnte er dann einfach auf meine nonverbalen Signale achten. Das würde auch besser zu unseren Rollen passen, denn ich finde es nicht stimmig, wenn sich der dominante Part beim Spielen immer wieder beim passiven Part rückversichert. Wenn ich das jetzt so erzähle, merke ich, dass es mein Mann wirklich nicht ganz leicht mit mir hat: Einerseits möchte ich, dass er nicht ständig prüft, ob alles okay ist, was er macht, andererseits soll er sensibel genug sein und ständig meine Grenze im Blick haben. Als ich ihn mit diesem Vorwurf mal konfrontiert habe, hat er mir erklärt, dass er seine wilde Seite während des Spielens immer wieder zähmen müsse. Es sei eine starke Herausforderung, während einer Session die Wünsche und Begehrlichkeiten, die in ihm entstehen, so weit zu kontrollieren, dass sie im Rahmen dessen bleiben, was ich mittrage. Insofern bewegt sich das Spielen immer wieder in einem herausfordernden Spannungsverhältnis zwischen dem, was abgesprochen ist, und der dominant-passiven Rollenverteilung, in der es ja auch darum geht, den passiven Part zu dominieren. Allerdings muss der dominante Part dabei immer wieder erspüren, was der devote Part möchte und inwieweit er bereit ist, mitzugehen. Letztendlich entsteht so die paradoxe Situation, dass die Grenzen des Subs in gewisser Weise den Dom dominieren.

Auch das ist ein spannender Aspekt, und ich bin echt froh, dass ich da mit meinem Mann einen offenen und experimentierfreudigen Partner gefunden habe, der sich gerne mit mir in diesen Bereich der Sexualität hineinentwickelt.

CHRISTEL & FREDI

Unseren jungen Begleiter hatten wir unter den Tisch geschmuggelt, er sollte einfach die Tischrunde der Reihe nach verwöhnen.

Am Tag nach der Party sitzen Christel und Fredi vergnügt bei einem Cappuccino in der Lobby des Schlosshotels. Ihre blonden Haare sind zu einer kunstvollen Hochsteckfrisur aufgetürmt, die weiße Miederbluse ist tief ausgeschnitten, eine auffallend schöne Folklorekette mit vielen Silbermünzen schmückt das Dekolleté. Der dunkelgrüne Janker und das weit geschnittene Leinenhemd passen zu Fredis korpulenter Statur. Ihre bayrische Heimat können und möchten sie nicht verleugnen.

FREDI: Das Geschäftsfeld, in dem ich mit meinem Unternehmen tätig bin, will ich nicht nennen. In ganz Deutschland gibt es nur wenige Firmen mit dieser Spezialisierung, da wäre es mit der Anonymität gleich vorbei.

CHRISTEL: Ich bin Hausfrau und nur noch für das Vergnügen zuständig. Wenn man seit mehr als fünfundzwanzig Jahren zusammen ist, wird das Sexleben irgendwann langweilig. Deshalb kam von mir die Initiative, einen Swingerclub zu besuchen. Ich war einfach neugierig und wollte wissen, wie es dort zugeht. Wir haben ausgemacht, dass wir uns zunächst nur umschauen.

»Es ist nicht so, dass wir unbedingt jemandem wehtun möchten. Das Interessante ist die Macht, die man über einen Menschen gewinnen kann.« FREDI

FREDI: Daran haben wir uns gehalten. Wir haben miteinander gespielt oder den anderen Paaren zugeschaut. Warum sollte ich mit fremden Frauen schlafen? Ich finde nach wie vor meine Frau begehrenswert. Wir wollten unsere sexuelle Beziehung durch den Besuch auffrischen. Außerdem findet man unter dreißig Pärchen höchstens eines so sympathisch, dass man sich mehr vorstellen könnte. Aber dem gefällt man vielleicht nicht, oder es ist mit einem anderen Paar zugange.

CHRISTEL: Ja doch, der Swingerclub war ansprechend eingerichtet, und wir hatten uns vorgenommen, neue Erfahrungen zu sammeln – also sind wir noch ein paar Mal dort gewesen. Dann wurde es uns zu langweilig.

FREDI: Bei einem Bummel durch München entdeckten wir ein Plakat, auf dem eine Lack-und-Leder-Veranstaltung angekündigt wurde. Dort sind wir hin. Es gefiel uns so gut, dass wir uns bei Gästen erkundigt haben, was sie sonst so machen. Sie empfahlen uns einen tollen Club, den wir dann auch besucht haben. So fing es an.

CHRISTEL: Wenn ich entsprechend angezogen dort hin bin, dann ist es mehr als einmal vorgekommen, dass fremde Männer vor mir niederknieten und mich baten: »Herrin, möchtest du mir die Peitsche geben?« Am Anfang dachte ich, dass ich das nicht kann, aber in der Zwischenzeit macht es mir Spaß. So fanden wir allmählich den Weg, der unserer Leidenschaft entspricht.

FREDI: Wir suchen einfach Spaß und möchten uns nicht in eine bestimmte Kategorie einordnen. Ich kann von mir sagen, dass ich keine sexuelle Stimulans aus Unterwürfigkeit ziehe, werde mich also nie so verhalten. Ich glaube sogar, dass das zwischen Eheleuten zum Bruch führen kann. Die Frau verliert nach und nach die Achtung vor ihm und hat irgendwann keine Lust mehr, mit so einem Mann zu leben. Wenn ich uns einordnen soll, dann würde ich sagen, dass wir beide eher dominant sind. Wir suchen uns für unsere Spiele gemeinsam einen Sklaven vor Ort. Sie sind ja leicht an ihren Halsbändern zu erkennen.

CHRISTEL: Wobei suchen eigentlich der falsche Ausdruck ist – meist kommen die Männer mit den entsprechenden Neigungen von sich aus auf uns zu. Einmal lernten wir einen Sklaven kennen, sein Name war Daniel, er hatte dunkles Haar und eine glatte jugendliche Haut, kein Wunder, er war höchstens Anfang dreißig. Der war mir total verfallen. Er überreichte mir, seiner Herrin, eine langstielige Rose mit vielen Dornen. Erst ließ ich ihn an der Rose riechen, anschließend drückte ich ihm die Dornen tief ins Fleisch, bis er geblutet hat. Er schrie, denn das tut fürchterlich weh, ich habe es danach selber ausprobiert. Aber zwischen uns herrschte eine knisternde Spannung.

FREDI: Es ist nicht so, dass wir unbedingt jemandem wehtun möchten. Das Interessante ist die Macht, die man über einen Menschen gewinnen kann. Ich sehe Christel unheimlich gern zu. Für unser Alter ist meine Frau ja sehr attraktiv, und wenn hübsche, junge Kerle sie begehren, finde ich das sehr erregend. Ich bin aber nicht nur Zuschauer, ich bestimme, wie weit die Annäherung gehen darf. Wir haben ein Abkommen, an das wir uns beide hundertprozentig halten. Sonst geht so etwas nicht.

CHRISTEL: Nein.

FREDI: Wenn einer Nein sagt, dann wird das von dem anderen ohne zu zögern akzeptiert.

CHRISTEL: So ist es.

FREDI: Ich habe absolutes Vertrauen zu ihr und sie zu mir. Ich weiß, dass sie nie einfach ihre Handynummer herausgeben würde. Wenn ein junger Bursche unbedingt was von Christel will, dann sage ich: »Das kannst du schon haben, aber dafür leidest du.« Daniel schlug ich damals zum Beispiel vor: »Christel setzt sich mit gespreizten Beinen hin, du kniest vor ihr und je näher du ihrem Vötzchen kommst, desto größer werden die Schmerzen für dich werden. Du kannst es dir selber aussuchen.« Dann klemmte ich ihm die Rose zwischen die Hinterbacken. »Je näher du ihr kommst, desto fester drücke ich zu. Du musst wissen, ob dir das Lecken so viel wert ist.«

CHRISTEL: Auf Knien rutschte er immer näher, so groß war sein Verlangen.

FREDI: Er hat es tatsächlich geschafft.

CHRISTEL: Seine Gier war größer als der Schmerz. Für mich als Frau ist es natürlich schmeichelhaft, wenn ich spüre, dass ich eigentlich jeden Mann haben könnte, auch die jungen. Bemerkenswerterweise gilt das auch für viele Frauen – ich übe auf beide Geschlechter eine hohe Anziehungskraft aus. Sogar im Café oder Bistro, wo das Umfeld ein ganz anderes ist, sprechen mich Frauen an. Das ist nicht ganz unproblematisch, denn Fredi findet Frauen wesentlich gefährlicher als Männer. Wenn Frauen mich massiv anmachen, dann sagt er: »Gib der bitte keine Telefonnummer!« Das würde ihn überfordern.

FREDI: An einem Samstagnachmittag saßen wir in einem Münchner Lokal und tranken ein Glas Sekt. Christel stieß mit der Frau an und flirtete ein bisschen mit ihr, nur zum Spaß. Auf einmal bekam die einen Eifersuchtsanfall und machte mich nieder: Ich sei ein Macho, der über seine Frau bestimmen würde. Lesbische Frauen kann ich nicht einschätzen. Wenn Christel auf die Schiene kommen würde, könnte es richtig gefährlich für mich werden. Ich gebe es zu: Lesbische Frauen fürchte ich mehr als Männer.

CHRISTEL: Ich weiß, aber das musst du nicht, ich habe keine lesbische Ader, und ich suche weder auf der Nacht der Leidenschaft noch auf der Nacht der Masken Kontakt zu anderen Frauen. Wir wissen nie, wie die Besuche verlaufen werden, darüber machen wir uns vorher keine Gedanken. Ich komme schnell mit anderen ins Gespräch, und wenn man etwas will und offen dafür ist, dann geschieht es auch. Wir hatten auf der gestrigen Nacht ein schönes Erlebnis, noch während des Essens. An den Nachbartischen bekam keiner mit, was wir für einen Spaß hatten.
Die Tische sind hier ja mit langen, weißen Tischdecken bedeckt. Das weckte bei mir Assoziationen an eine andere Fetischparty, bei der die Tischdecken ebenso lang, aber schwarz waren. Ich trug Lack und Leder, der Saal war mit Spinnweben geschmückt. Es war nicht so vornehm wie hier, es gab kein tolles Menü, sondern Bratwurst mit Semmel. Fredi und ich alberten rum, dass es doch geil wäre, wenn einer unter dem Tisch sitzen würde. Unter den anderen Partybesuchern hatte ich den Daniel entdeckt, mit dem ich die Rosengeschichte erlebt hatte. Da stand ich auf, ging um den Tisch herum und flüsterte jeder Frau von hinten ins Ohr: »Hättest du was dagegen, wenn dich jetzt so ein junger, hübscher Kerl lecken würde?« Die Frauen schüttelten alle den Kopf. Zu den Männern sagte ich nichts. Als ich das Einverständnis von allen hatte, fragte ich Daniel, der begeistert von der Idee war und in einem unbeobachteten Moment unter dem Tisch verschwunden ist. Das haben wir so geschickt gemacht, dass die Männer nichts davon mitbekamen – nur Fredi wusste Bescheid. Als einer zu seiner Frau sagte, dass er gern gehen würde, sagte sie: »Nein, jetzt noch nicht.« Fredi und ich haben so gelacht. Diese Geschichte erzählte ich dann gestern an unserem Tisch.

»Wir hatten auf der gestrigen Nacht ein schönes Erlebnis, noch während des Essens. An den Nachbartischen bekam keiner mit, was wir für einen Spaß hatten ...«

FREDI

FREDI: Darauf sagte Isabella, eine junge Frau, die bei uns saß, spontan, dass sie das machen möchte. Sie kroch unter den Tisch, verwöhnte uns alle reihum, und wir haben geraten, bei wem sie gerade ist.

CHRISTEL: Wir haben dieses Spiel auch schon in gewöhnlichen Restaurants inszeniert, wo im Gegensatz zu hier keiner etwas merken durfte. Vor allem nicht, wenn wir in dem Lokal bekannt sind, da möchten wir lieber nicht, dass unser frivoles Spielchen entdeckt wird. Das erhöht natürlich die Spannung. Bislang haben wir immer begeisterte Mitspieler gefunden, wir kennen ja inzwischen auch einige Leute aus der Szene.

FREDI: Wir spielen das in unterschiedlichen Varianten, auch mit einem gewissen finanziellen Einsatz. Jeder zahlt fünf Euro ein, und der Auserwählte – das kann ein Mann, eine Frau oder auch ein Pärchen sein – verschwindet unter dem Tisch. Der Erste aus der Runde fängt an zu raten, wer gerade verwöhnt wird. Rät er richtig, bekommt er die Hälfte des Einsatzes und darf nach unten. Der von unten kommt hoch und zahlt ein. Wenn er aber falsch rät, bekommt der unten die Hälfte des Einsatzes und er muss erneut einzahlen. Die anderen aus der Runde haben natürlich auch ihren Spaß daran, nur so zu tun, als ob sie gerade dran wären. Richtig zu raten ist also gar nicht so einfach, wie es sich anhört. Wenn der Kellner das Essen bringt und gerade einer fehlt, dann sagen wir, dass er auf der Toilette oder eine Zigarette rauchen sei.

CHRISTEL: Und dann haben wir das in München in einem Nobelrestaurant ausprobiert. Ein Psychologe, eine Lehrerin, ein Arzt und seine Frau waren dabei. Unseren jungen Sklaven hatten wir unter den Tisch geschmuggelt, er sollte einfach die Tischrunde der Reihe nach verwöhnen.

FREDI: Ich hatte mir vorher angeschaut, ob das Restaurant für unsere Zwecke geeignet ist. Am Anfang war auch alles okay, aber nach und nach wurde es richtig voll. Es war wohl ein Prominenter zu Gast, denn Vertreter der Presse waren auch da.

»Wir sind aber auch aktiv, streicheln und massieren, haben aber meist keinen Sex mit Fremden. Der Kick besteht darin, es so weit zu treiben, dass es fast möglich wäre, im Finale schlafe ich dann mit meiner Frau.«

FREDI

CHRISTEL: Der Kick war gewaltig. Am Nachbartisch saß ein Pärchen, ich bin mir sicher, dass die beiden irgendwann mitbekommen haben, was bei uns lief.

FREDI: Es war irre scharf und ein unheimlicher Spaß.

CHRISTEL: Plötzlich standen Freunde von uns am Tisch und fragten, ob sie sich zu uns setzen könnten, sie hätten leider nicht reserviert.

FREDI: Ich bekam einen riesigen Schreck. Der Sklave saß noch unter dem Tisch, meine Hose war offen. Ich konnte unmöglich aufstehen.

CHRISTEL: Da hatte ich die rettende Idee und habe die beiden einfach gebeten, einen Moment an der Bar zu warten. Wir würden sowieso gleich gehen, dann könnten sie unsere Plätze haben. Das war viel aufregender als gestern Abend, auf der Nacht der Masken stört sich ja niemand daran, wenn eine junge Frau unter den Tisch krabbelt und dort Männer und Frauen gleichermaßen bedient, aber in einem Sternelokal will man ja einen Skandal vermeiden. Vor allem, wenn auch noch Bekannte anwesend sind.

FREDI: Und hier tragen wir ja auch Masken, die einen gewissen Schutz bieten. Wenn ich denke: »Oh, da ist einer, den ich kenne!«, dann setze ich einfach meine Maske nicht ab.

CHRISTEL: Am Anfang ist die Atmosphäre auf der Nacht der Masken meist noch ein bisschen steif, jeder kommt elegant gekleidet daher, erst wenn das Essen vorbei ist, geht es langsam lockerer und lockerer zu.

FREDI: Das stimmt, am Anfang vergessen viele Gäste ihre gutbürgerliche Erziehung noch nicht. Sie benehmen sich wie in ihren Villen. So schnell kommen die Unternehmer und ihre zickigen Ehefrauen nicht aus ihren üblichen Rollen raus. Aber während ich sie beobachte, weiß ich schon: Spätestens in zwei Stunden werden sie die Sau rauslassen.

CHRISTEL: Manche Gäste kennen wir schon von früheren Besuchen, zum Beispiel gibt es eine Frau, ich schätze sie Anfang dreißig, die immens großen Wert darauf legt, sich zu zeigen. Sie hat riesige Brüste, die sie regelrecht präsentiert, indem sie außer ihrer Maske nicht mehr als einen Latexrock und High Heels träg. Auf Sex legt sie, glaube ich, gar keinen Wert, sie möchte einfach gerne angeschaut werden.

FREDI: Ja und ich erfreue mich an diesem Anblick. Wir sind aber auch aktiv, streicheln und massieren, haben aber meist keinen Sex mit Fremden. Der Kick besteht darin, es so weit zu treiben, dass es fast möglich wäre, im Finale schlafe ich dann mit meiner Frau.

CHRISTEL: Gestern trafen wir ein Pärchen im Turmzimmer, der Mann erwärmte Handtücher mit heißem Wasser, legte sie mir auf den Rücken

und massierte mich. Das hatte nichts mit Sex zu tun, war aber superangenehm. Die zwei kommen uns im Herbst in München besuchen, das haben wir schon ausgemacht. Wir möchten zusammen auf das Oktoberfest gehen. Der erste Sonntag im Oktober ist dort Schwulen- und Lesbensonntag. Das hat sich in der Republik rumgesprochen, von überall reisen die an und treffen sich in einem bestimmten Zelt. Da geht es ab, das kann man sich nicht vorstellen.

FREDI: Ein komplettes Bierzelt dreht durch, da geht es zu wie in Sodom und Gomorrha. Den meisten Münchnern ist das nicht bekannt, und wenn sie zufällig da reingeraten, wissen sie nicht, wie ihnen geschieht.

CHRISTEL: Es ist unglaublich, die Lederhosen sind schon alle aufgeklappt, um alles griffbereit zu haben. Die sind sehr locker und tolerant drauf, deshalb gehen wir gern in das Zelt. So ein Sexleben mit einem kleinen Kick belebt die Ehe. Wenn ich wieder zu Hause bin, denke ich immer wieder gern daran, was ich gesehen habe, und dann erzählen wir uns gegenseitig noch mal, was uns besonders in Erinnerung geblieben ist. Das gefällt mir schon sehr. Außerdem brauche ich keine Angst zu haben, dass mein Mann fremdgehen könnte, das ist doch super.

FREDI: Warum sollte ich fremdgehen? Ich sehe alles, und ich darf fast alles.

CHRISTEL: Allerdings sollte man sich als Ehepaar extrem gut verstehen, und wir sind sicher eines der wenigen Paare, das nach so langer Zeit noch von sich behaupten kann, dass das uneingeschränkt der Fall ist.

FREDI: Als Mann muss ich sehr selbstbewusst sein, denn es kommen Männer zu meiner Frau, die schöner und besser gebaut sind …

CHRISTEL: … und schlanker.

FREDI: Auch das. Ich weiß, was ich kann, was ich darstelle und wie einfühlsam ich sein kann.

CHRISTEL: Das stimmt.

FREDI: Und wenn ich spüre, dass einer eine echte Gefahr sein könnte, sage ich halt: »Komm, lass uns gehen, es geht mir nicht so gut.« Niemals würde ich zugeben, eifersüchtig zu sein, so blöd bin ich nicht.

CHRISTEL: Ich hätte vor zwanzig Jahren nicht gedacht, dass ich auf Sexpartys gehen würde. Unsere Kinder haben keine Ahnung, dass wir so unterwegs sind. Aber es macht mir immer mehr Spaß. Was spricht also dagegen, wenn ich es genieße?

Wir bieten unseren Gästen die erotische Atmosphäre. Wie sie den Abend gestalten, ist dann ihre Sache, denn Sexualität ist etwas sehr Individuelles.

DAS GESPRÄCH MIT DEN MACHERN
DIESES EINZIGARTIGEN EVENTS

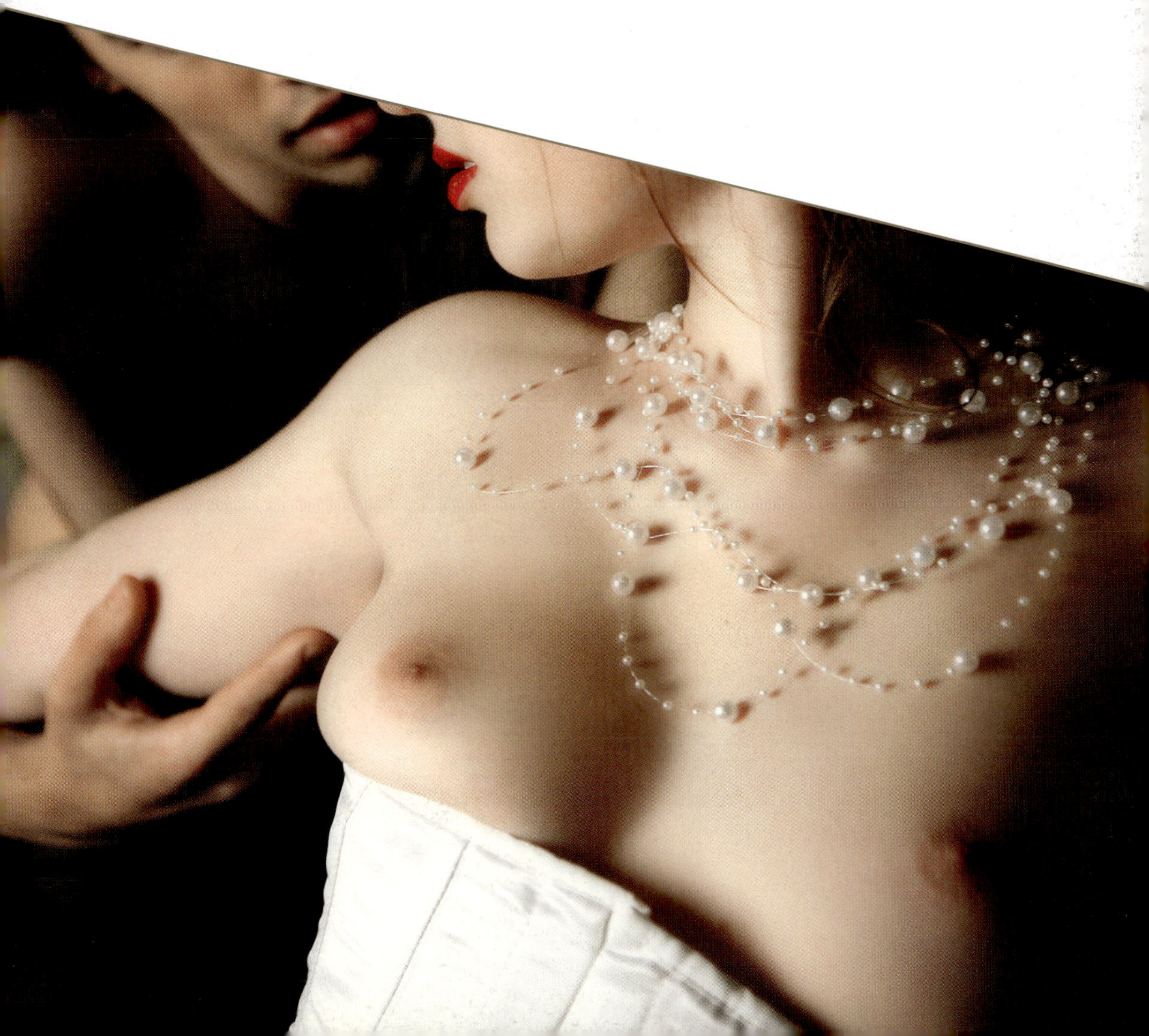

Als Jacqueline und René mir am Morgen nach ihrer Veranstaltung beim Frühstück im Rittersaal in lässigen Jeans gegenübersitzen, wirken die beiden völlig entspannt. In der Nacht zuvor präsentierten sie sich noch in ihrem eigenen Fetisch. Jacqueline saß in einem gewagt tief ausgeschnittenen roten Ballkleid am Empfang und passte damit als exaltierte Gräfin gut ins Bild des Schlosses Bizarr. René kam in der festlichen Paradeuniform eines russischen Adligen mit hohen Lederstiefeln. Als er die Gäste begrüßte und ihnen die notwendigen Regeln der Nacht erklärte, verlieh ihm die Uniform die entsprechende Autorität.

Die Nacht der Masken – was ist das für ein Konzept?

RENÉ: Es ist eine Fetisch-Party, vergleichbar mit einer kleinen, eher privaten Veranstaltung, für Menschen, die einen sinnlichen Abend miteinander erleben möchten. Wir zaubern eine anregende Atmosphäre in einem außergewöhnlichen Rahmen, nämlich in einem Schloss oder auf einer Burg. Aber ich nehme an, dass unsere Gäste bereits so viel über diese Aspekte des Events erzählt haben, dass wir darauf nicht näher eingehen müssen.

JACQUELINE: An diesem Abend trägt jeder eine Maske. Unsere Gäste schätzen die prickelnde Stimmung, die dadurch entsteht – sie bleiben bis Mitternacht auf jeden Fall maskiert. Manche nehmen ihre Maske auch die ganze Nacht über nicht ab. Wir bieten die Bühne und unsere Gäste bespielen sie mit Phantasie und Erotik. Sie bestimmen, wie der Abend verlaufen wird. Mal ruhiger, mal wilder, mal verspielt erotisch, mal SMig, eine Mischung aus allem, aber immer wieder anders.

RENÉ: Den rund fünfzig Paaren steht ein ganzes Schloss zur Verfügung. Oft findet die Nacht der Leidenschaft, eine weitere Fetisch-Party, die von uns veranstaltet wird, am folgenden Abend statt. Hier kommen dann, je nach Schlossgröße, rund dreihundert Gäste. Unser Veranstaltungsort ist geheim und wird nur den Gästen mitgeteilt, die sich für die Party anmelden.

JACQUELINE: Wir bieten nicht einfach Platz für erotische Spiele an, sondern inszenieren die fürstlichen Räume liebevoll. Licht und Musik stimulieren, zwischen den antiken Möbeln taucht hier ein Käfig und dort eine Streckbank auf, das überrascht und reizt die Sinne.

RENÉ: Jeder Gast kann seine Leidenschaft ungestört ausleben. Wer einfach kuscheligen Sex mit seiner Partnerin haben möchte, zieht sich in ein Zimmer zurück. Wer mit einer Peitsche spielen möchte, braucht viel Platz und geht in den Gewölbekeller. Dort steht von der Streckbank bis hin zu

Kreuzen aus Stahl und massiven Fesselungsrahmen alles für die dunkle Seite der Lust bereit. Die meisten Paare genießen die Mischung aus softem Sex und SM.

JACQUELINE: Unsere Gäste sind sehr kommunikativ und suchen Kontakt, überall finden Gespräche statt, in der Bar genauso wie während des mehrgängigen Menüs im historischen Saal. Viele der Paare, die das erste Mal die Nacht der Masken besuchen, sind so begeistert von dem luxuriösen Ambiente, von der intimen Atmosphäre und den anderen Besuchern, die sich von der prickelnden Stimmung mitreißen lassen, dass sie zu Stammgästen werden. Wir lieben es sinnlich, es soll lustvoll sein und unsere Gäste berauschen. Es wird zwar oft das Bild aus *Eyes Wide Shut* zitiert, aber ein Lied aus dem Film *Tanz auf dem Vulkan*, trifft unsere Intention vielleicht sogar noch besser:

Die Nacht ist nicht allein zum Schlafen da,
die Nacht ist da, dass was geschieht.
Ein Schiff ist nicht nur für den Hafen da,
es muss hinaus, hinaus auf hohe See.
Berauscht euch Freunde, trinkt und liebt und lacht
und lebt den schönsten Augenblick.
Die Nacht, die man in einem Rausch verbracht,
bedeutet Seligkeit und Glück.

Genau darum geht es uns: Im Höhepunkt leben, sich aneinander berauschen, Anteil nehmen.

RENÉ: Schon auf unserer ersten Schlossparty, der Nacht der Leidenschaft, haben die Leute Sex gehabt, und das sah man sonst nie auf einer SM-Party. Eine normale SM-Party ist etwas erstaunlich Asexuelles. Man unterhält sich über die neuesten Peitschen, bindet seine Sklavin oder seinen Sklaven ans Kreuz, dann wird geschlagen, laut mitgezählt – und das war es dann. Bei uns verhielten sich dieselben Menschen auf einmal sehr lustbetont und hatten auch Sex miteinander. Für diese Verhaltensänderung gab es einen ganz einfachen Grund: das Ambiente. Im Kopf der Menschen lief plötzlich ein Film ab, der auf anderen Partys nicht lief. In meiner Phantasie geht es doch nicht nur um das schnöde Tun, sondern es sind immer tolle Bilder da. Wenn ich an SM denke, dann denke ich an gefesselte Frauen in nur von Fackeln erhellten Verliesen. Im Schloss oder auf einer Burg habe ich das passende Gewölbe, damit schaffe ich ein Bild. Man verschnürt seinen Partner nicht einfach – nein, man macht das in einem richtigen Verlies.

»So traten immer wieder Gäste mit dem Wunsch nach einem Fest in intimerem Rahmen an uns heran, und uns wurde bewusst, dass es viele Paare gab, die es sich elitärer wünschten und die bereit waren, dafür einen höheren Eintrittspreis zu bezahlen.«

JACQUELINE: Andere Gäste finden es schön, beim Sex Beobachter zu haben oder andere zu beobachten. Deshalb haben wir uns auch gegen Séparées entschieden.

RENÉ: Wenn es Séparées gibt, dann gehen die Leute da rein, machen die Tür hinter sich zu und verpassen so einen ganz besonderen Kick.

Wie seid ihr auf die Idee gekommen, die Party in der High Class Luxus-Atmosphäre spielen zu lassen?

JACQUELINE: Die Nacht der Masken gibt es seit 2003. Wir haben aber bereits vor circa vierzehn Jahren angefangen, erotische Partys zu organisieren. René und ich waren früher ein Liebespaar und besuchten ab und zu SM-Veranstaltungen. Wir wünschten uns am Anfang nicht mehr als eine dekadente Party mit leckerem Essen in einem tollen Ambiente mit netten Menschen.

RENÉ: Ja, genau.

JACQUELINE: Aber die meisten Fetisch-Partys fanden in widerlichen Kellerlöchern statt, da wollte ich aus keinem Glas trinken, so schmuddelig war es oft. So beschlossen wir, selber eine Party zu geben. René mobilisierte rund sechzig Leute, die alle in unsere große Altbauwohnung gekommen sind. Drei Tage vorher habe ich angefangen, ein Büfett vorzubereiten und alles schön zu dekorieren. René hat noch ein paar SM-Möbel gekauft, und das war es auch schon. Die private Atmosphäre gefiel den Gästen gut und sie hatten ziemlich viel Spaß, wir auch.

RENÉ: Und dann waren wir auf einer Party, die ein Freund von uns auf einem Schloss veranstaltet hat. Das war richtig toll, und wir haben sehr auf eine Wiederholung gehofft – leider vergeblich. Zwei Jahre später wollte eine Freundin von uns in einem Schlösschen heiraten.

JACQUELINE: Es lag in einem Kurpark in der Nähe von Hannover.

RENÉ: Wir sind hingefahren und haben uns die Nasen an einer der Terrassentüren platt gedrückt, um einen Blick ins Innere zu erhaschen. Plötzlich ging eine Tür auf, und der Verwalter fragte, ob wir uns denn für das Schlösschen interessieren würden. Wir nickten. Ob wir denn heiraten wollten, wollte er dann wissen, und obwohl wir den Kopf schüttelten, zeigte er uns die Räume. Die Zimmer waren hübsch und der große Saal wirklich ansprechend.

JACQUELINE: Und es gab einen Gewölbekeller.

RENÉ: Einen richtig großen Keller sogar, und es hing ein Käfig unter der Decke. Oh ja, dachten wir, das ist das Richtige. Der Käfig kann gleich hängen bleiben.

JACQUELINE: In unserer Wohnung wurde es langsam eng, und nach drei Partys waren wir sicher, genügend Leute zusammenzubekommen, um ein Schloss zu füllen.

RENÉ: Der Verwalter war ganz begeistert, klar könnten wir auch eine Fetisch-Party feiern.

JACQUELINE: Ja, er hatte keine Ressentiments – zunächst zumindest.

RENÉ: Wir haben die Party veranstaltet, ohne uns große Gedanken zu machen. Wir hatten den Eintritt viel zu knapp kalkuliert. So konnten wir uns weder einen Transporter noch Kleiderbügel leisten. Wir wollten einfach eine tolle Party haben und haben nicht wirtschaftlich gerechnet.

JACQUELINE: Wir sind dann auch noch mit dem Schlossverwalter aneinandergeraten, das Essen sollte es um acht geben, gab es dann aber erst um zehn. Er wiederum hat sich darüber mokiert, dass einige Pärchen in den Park gegangen seien, um es dort miteinander zu treiben. Aber ehrlich, da waren keine Spaziergänger unterwegs. Es war Winter und eiskalt, wer geht da nachts um die Zeit schon im Kurpark spazieren.

RENÉ: Das war unsere erste Nacht der Leidenschaft, wir waren trotz der Probleme begeistert und haben weitere veranstaltet.

JACQUELINE: Immer wieder kamen und kommen Gäste mit ihren Wünschen auf uns zu, wenn sie irgendetwas noch besser oder anders haben wollen. So traten immer wieder Gäste mit dem Wunsch nach einem Fest in intimerem Rahmen an uns heran, und uns wurde bewusst, dass es viele Paare gab, die es sich elitärer wünschten und die bereit waren, dafür einen höheren Eintrittspreis zu zahlen. Die Nacht der Leidenschaft in diese Richtung zu verändern, kam für uns nicht infrage, da steckte unsere ganze Liebe und Kreativität drin. Die Partyreihe war beliebt, sie lief seit fünf Jahren erfolgreich, je nach Schlossgröße hatten wir schon bis zu fünfhundert Gäste.

RENÉ: Also haben wir beschlossen, zusätzlich etwas Exklusiveres anzubieten.

JACQUELINE: Einer der Wünsche, die immer wieder geäußert wurden, war, gemeinsam ein Menü zu genießen, anstatt sich an einem Büfett selbst zu bedienen. Also haben wir die Gästeanzahl auf hundert bis maximal hundertzwanzig limitiert. Das hatte natürlich Einfluss auf den Eintrittspreis, denn die Miete für das Schloss bleibt gleich, egal wie viele Leute feiern.

RENÉ: Aber ich fand es nicht besonders kreativ, dasselbe Konzept wie bei der Nacht der Leidenschaft zu fahren. Wir wollten etwas Neues zaubern. So bin ich auf *Eyes Wide Shut* gekommen, geheimnisvolle Gestalten treffen sich in einem schönen Ambiente. Und wenn Menschen eine Maske tragen, werden sie sich anders verhalten. Diese Vermutung hat sich bestätigt. Manche Maske stört zwar beim Essen, aber sie erst nach dem Essen aufzusetzen, wäre blöd.

JACQUELINE: Ich weiß, dass es viele Gäste noch schöner fänden, wenn die Bedienungen ebenfalls maskiert wären. Aber uns ist wichtiger, dass der Service reibungslos klappt.

RENÉ: Unser Fest ist zwar inspiriert von dem Film *Eyes Wide Shut*, aber wir spielen ihn nicht nach. So findet beispielsweise kein Ritual statt. Dazu müsste ich weitgehende Kleiderregeln aufstellen, alle sollten ja dann einen Umhang tragen. Ich müsste alle laufenden Gespräche unterbrechen, um die Gäste dann anzuleiten, sich im Kreis aufstellen, damit die Frauen vortreten und ihre Umhänge ablegen können. Ich finde diese Mitmachsachen blöd und will selber nicht gezwungen sein, bei so etwas dabei zu sein.

Wie schafft ihr es, diese Abende auf konstant hohem Niveau zu halten und eure sicher sehr anspruchsvollen Gäste zu begeistern?

JACQUELINE: Unsere Homepage ist stilvoll, in unseren Texten stehen Worte wie sinnlich und extravagant, nicht saugeil oder ficken. Das spricht gleich andere Leute an. Alle Anmeldungen laufen über mich, wenn die Gäste kommen, weiß ich, wer zum ersten Mal da ist. Ich stelle mich gleich als Veranstalterin vor und erkläre ihnen den Ablauf. Stammgäste begrüße ich mit Namen, sie freuen sich, wenn ich sie wiedererkenne.

RENÉ: Wir wollten von Anfang keine anonyme Playparty machen, sondern eine edle Veranstaltung, für die man sich chic und sexy anzieht, auf der man sich lustvoll unterhält, tanzt und gut isst. Unser größter Albtraum war, dass diese übliche anonyme Masse von den SM-Partys kommt, diese

Typen in schwarzer Lederhose und Piratenhemd, die ihr Bierchen trinken und sich über Gerten unterhalten. Bei der ersten Nacht der Leidenschaft kamen die auch, bestimmt zwanzig Gäste waren so drauf. Aber es gab genügend Besucher, die toll gestylt richtig Spaß hatten. Bei der nächsten Party sind die anderen dann weggeblieben. Diese Auslese funktioniert aber nur, wenn die kritische Masse stimmt.

JACQUELINE: Aber das Niveau regelt sich auch über den Preis.

RENÉ: Ja, natürlich.

JACQUELINE: Unsere Partys kann und will sich nicht jeder leisten.

RENÉ: Ich habe mich letztes Wochenende über joyclub, das ist eine große Erotik-Community im Internet, mit zwei Pärchen unterhalten. Da meinte die eine Frau, der Preis mit 500 Euro pro Paar wäre schon ziemlich üppig, in einem Swingerclub würden sie nur 60 Euro pro Pärchen, inklusive Essen, bezahlen. Bevor ich eine Antwort schreiben konnte, meinte die andere, dass ein Swingerclub doch wirklich was anderes sei, nicht vergleichbar mit einem Schloss. Da unterscheiden sich die Menschen eben.

JACQUELINE: Und die Leute bleiben uns treu.

RENÉ: Diejenigen, die mit weniger zufrieden sind, kommen nicht zu uns. Und die, die immer schon etwas Exklusiveres gesucht und uns gefunden haben, gehen nirgendwo anders mehr hin.

JACQUELINE: Es gibt immer wieder Nachahmer unseres Konzeptes. Aber wir bewegen uns schon lange in dem Markt und wissen genau, auf was man Wert legen muss. Wir achten auf ein exklusives Ambiente, auf sehr gutes Essen, auf freundliches, höfliches Personal – alles soll erlesen sein. Der unbekannte Veranstaltungsort, die Vorkassenregelung und der hohe Preis halten diejenigen ab, die nur mal schauen wollen, was andere so machen, ohne wirklich diesen Rahmen für ihre eigene Sexualität genießen zu wollen. Dafür ist ihnen der Aufwand zu hoch. Auch suchen wir die Schlösser bewusst nicht in Ballungsgebieten. Da ist die Gefahr zu groß, dass ein Publikum kommt, das es nur chic findet, mal auf einer Sexparty gewesen zu sein. Die Gästezahl halten wir seit Jahren konstant, wenn es also mal etwas voller oder leerer erscheint, dann liegt das oft nur daran, wie sich die Gäste im Schloss verteilen. Gäste, die in ihrem Auftreten nicht zu uns passen, weisen wir trotz bezahlter Eintrittskarte zurück.

RENÉ: Obwohl wir unsere Gäste frei entscheiden lassen, was sie anziehen, sind 95 Prozent passend angezogen.

JACQUELINE: Die wenigen, die es nicht sind, sind oft zum ersten Mal da und möchten nicht zu sehr auffallen. Wenn ihnen die Party gut gefällt und sie

wiederkommen, geben sie sich doppelt so viel Mühe. Sie kapieren schnell, dass es ein bisschen mehr sein muss als ein Lackröckchen. Hier kann man alles anziehen, was man als seinen Fetisch ausleben möchte. Eine Zeit lang haben sich die Männer ihre Garderobe aus dem Kostümverleih geholt und sahen sehr ähnlich aus. Das ist wieder anders geworden. Die Männer kommen als Mozart, als Adliger, als Teufel, Gutsherr, Reiter oder Kämpfer. Die Frauen sind glücklich, ihre ausgefallenen und sehr erotischen Ideen auch mal öffentlich vorzuführen. Eine kam fast nackt, sie hatte eine tolle Figur, so dass sie sich das auch leisten konnte, als einziges Accessoire hatte sie sich eine Rosengirlande um die Hüften geschlungen.

RENÉ: Der weiche Dresscode lässt viel Raum für Kreativität, so kommt die Vielzahl der phantasievollen Kostüme zustande.

Wie sieht denn der Abend aus, gibt es einen bestimmten Ablauf?

JACQUELINE: Unserer Erfahrung nach kommen die Paare, um ihre Sexualität oder Vorstellung von Erotik auszuleben, und nicht, weil sie unterhalten werden möchten.

RENÉ: Wir stimmen unsere Gäste durch die Atmosphäre auf einen erotischen Abend ein. Wie sie ihn dann gestalten, ist ihre Sache, denn Sexualität ist etwas sehr Individuelles.

JACQUELINE: Ein Paar, das mit dem Flugzeug angereist war, hatte großes Pech. Ihr Gepäck war nicht aufzufinden, der Mietwagen war nicht da, sie verpassten den ersten Gang des Menüs. Damit sie überhaupt teilnehmen konnten, habe ich ihnen Masken geliehen. Am Ende des Abends haben sie sich bei mir bedankt, es sei ein großartiger Abend gewesen. Es liegt schon an den Menschen selbst, ob etwas gelingt. Wenn sie kommen und Spaß haben wollen, klappt das in der Regel.

»Wenn sie etwas zu dritt machen möchten, findet sich immer ein Weg. Sie fragen einfach die anderen Paare oder unseren Fahrer.«

RENÉ

RENÉ: Als Programm bieten wir einen Sektempfang, dazu gehört natürlich der Mann am Klavier, während des mehrgängigen Menüs spielen zwei oder drei Musiker, meist klassische Musik. Außerdem gibt es immer eine kleine Showeinlage. Die ist von Party zu Party verschieden. Wir hatten schon eine Vorleserin, die erotische Geschichten las. Die Lesungen kamen gut an, vielleicht kommt sie mal wieder. Aber wir wollen unseren Gästen da so viel Abwechslung wie möglich bieten.

JACQUELINE: Zwischen 23.00 Uhr und 1.00 Uhr sind die Spielräume gut besucht. Danach wird es meist ruhiger. Auch auf diese Zeit freuen sich viele Gäste und suchen gerade dann die Playrooms auf.

RENÉ: Die Party geht bis fünf Uhr morgens, und da Sekt und Wein kostenlos sind, freuen sich einige besonders über unseren Shuttle Service, der sie sicher zu ihren Hotels bringt.

Warum legt ihr so viel Wert darauf, dass nur Paare kommen?

JACQUELINE: Wir wünschen uns, dass jeder, der unsere Partys besucht, glücklich ist. Als Single wäre ich doch enttäuscht, wenn außer mir nur

Paare da wären, die miteinander spielen. Erfahrungsgemäß finden Einzelmänner selten Anschluss. Was sollen die dann machen? Sie könnten nur rumstehen und zusehen.

RENÉ: Andere Veranstalter lassen Singles rein und nehmen von ihnen mehr Geld, das ist wirtschaftlich lukrativ …

JACQUELINE: … macht aber die Stimmung kaputt.

RENÉ: Am Anfang hatten wir bis zu zehn Singles zu der Nacht der Leidenschaft zugelassen. Es kamen aber nie zehn gleichzeitig, die wenigen, die sich trauten, haben sich dann auch immer gut integriert. Aber da es auf der Internetseite stand, hatten wir das Problem, dass Paare fragten, ob das jetzt ein Event voller lüsterner Single-Männer sei. Als wir das immer und immer wieder erklären mussten, haben wir das Angebot irgendwann herausgenommen.

JACQUELINE: Wir haben jedoch kein Problem damit, wenn Paare sich einen Dritten für ihr Spiel mitbringen.

RENÉ: Zu der Nacht der Masken haben wir noch nie Singles zugelassen, bei nur fünfzig Paaren geht das gar nicht. Wenn sie etwas zu dritt machen möchten, findet sich immer ein Weg. Sie fragen einfach die anderen Paare oder unseren Fahrer, der die Gäste zwischen Schloss und Hotel hin- und herfährt. Er hat mir erzählt, dass er schon häufiger das Angebot bekam, mit aufs Zimmer zu kommen. Ob er das annimmt, bleibt sein Geheimnis.

JACQUELINE: Manchmal kommen auch verheiratete Männer mit einer Frau vom Escort-Service oder Paare bringen sich ein Callgirl mit, wir hatten schon jede Konstellation.

Warum glauben einige Gäste, dass es sich um eine edle Swinger-Party handelt, während andere darauf bestehen, dass es eine SM-Party ist?

JACQUELINE: Wir wollen mit der Nacht der Masken nicht explizit Swinger ansprechen. Wir hatten mit einer Veranstaltung, die wir Amore Veritas nannten, versucht unseren Gästen ein Event zu bieten, das sich speziell an diejenigen richtet, die wechselnde Partner für die Erotik suchen. Wir dachten, dass jeder mit seiner Vorliebe unter Gleichen sein möchte. Allerdings wurde die Veranstaltung nicht so gut angenommen, vielen unserer Gäste scheint es doch um die Mischung zu gehen, Amore Veritas haben wir also wieder eingestellt.

RENÉ: Ein Teil der Gäste zieht sich später lieber zurück, als sich öffentlich zu produzieren. Mit viel Aufwand entfernen sie die Ketten an den Türen, mit deren Hilfe wir verhindern möchten, dass man sich in den Zimmern einschließt. Andere nehmen extra ein Hotelzimmer auf dem Schloss und erleben ihre Sexualität zu zweit. Später kommen sie wieder, setzen sich an die Bar und feiern weiter.

JACQUELINE: Klischees greifen bei uns nicht. Es ist nicht Swinger, es ist nicht SM, es ist mal so und mal anders.

RENÉ: Deshalb haben wir allzu deutliche Verweise auf SM aus der Beschreibung der Nacht der Masken rausgenommen. Natürlich haben wir noch die Playrooms, und es stehen auch dieselben Geräte wie bei der Nacht der Leidenschaft zur Verfügung. Aber wir haben festgestellt, dass es viele Menschen gibt, die Fesselspiele mögen, mit unterschiedlichen Machtsituationen spielen, dominant-devote Phantasien haben und die auch ausleben möchten – vor dem Begriff SM aber zurückscheuen.

JACQUELINE: So wie es Pärchen gibt, die ab und zu eine gute Freundin beim Sex dabei haben, sich aber nicht als Swinger bezeichnen würden. Warum sollten wir der Party einen bestimmten Stempel aufdrücken, wenn wir den Menschen einfach einen tollen Ort für ihre Phantasien schaffen möchten?

Wissen die Gäste immer, wo die Grenzen sind, können sich Frauen sicher fühlen?

JACQUELINE: Auf jeden Fall, die Männer sind sehr feinfühlig und spüren sofort, wenn eine Berührung nicht gewünscht wird. Wenn jemand negativ auffallen würde, dann würden wir ein Gespräch mit dem Gast führen, und wenn wir merken, er versteht die Regeln nicht, dann würden wir ihn auffordern, unsere Party zu verlassen. Aber vorgekommen ist so etwas noch nie. Um potenziell unangenehme Situationen schon im Vorfeld zu entschärfen, haben wir eine unauffällige Security, die im Playbereich immer präsent ist. An sie kann man sich jederzeit wenden. Die Security greift bei größeren Störungen sofort ein und stellt sie mit ein paar netten Worten in kürzester Zeit ab. Respekt und Rücksicht, das muss man von erwachsenen Menschen erwarten können, gerade wenn sie sich einer Szene zugehörig fühlen, die für sich sonst gern Toleranz einfordert. Und in aller Regel klappt das auch – das mit Abstand häufigste Problem ist, dass sich eine Clique zu lang oder zu laut in den Playrooms unterhält und sich andere Gäste davon gestört fühlen. Unsere Mitarbeiter bitten dann höflich, aber bestimmt darum, dass sie ihre Konversation in einem der anderen Räume weiterführen.

RENÉ: Auf einer unserer ersten Partys kam einer zu mir und erzählte, dass eine Frau im Keller ausgepeitscht würde. Da schreiten wir natürlich nicht ein. Oder wenn einer ankündigt, dass er seiner Frau hundert Rohrstockschläge geben will. Das finde ich persönlich zwar ein bisschen viel, aber dafür sind wir nicht zuständig. Wenn die das so miteinander abgesprochen haben, und davon gehen wir aus, ist das ihr Ding.

Wie wird die Anonymität der Gäste gewährleistet?

RENÉ: Wir bekommen immer wieder Anfragen von Redaktionen großer Fernsehsender aus dem In- und Ausland. Aber wir hatten von Anfang an entschieden, dass wir die Events medial nicht ausschlachten lassen, da wir großen Wert auf Diskretion legen. Foto- und Videoaufnahmen von unseren Partys und unseren Gästen sind streng verboten. Wir haben auch nie von uns aus Journalisten angesprochen. Wenn seriöse Journalisten über unsere Partys schreiben wollen, müssen sie für die Bebilderung einfach auf Stockmaterial zurückgreifen. Wir muten unseren Gästen keine Presseinszenierung zu. Wir sind Dienstleister und wollen es ihnen so angenehm und sicher wie möglich machen.

JACQUELINE: Vor ein paar Jahren hat die Cosmopolitan einen fünfseitigen Artikel über die Nacht der Masken gebracht. Auch da waren nicht wir aktiv geworden, sondern die Journalistin hatte uns entdeckt. Bei der Berichterstattung schwang ihre Begeisterung über das Event richtig mit, die Bilder waren allerdings nicht von unserer Party, und als Adresse war nur unsere Webadresse genannt worden. Gegen so eine respektvolle Berichterstattung haben wir nichts. Kurz darauf kam der Artikel im Playboy, das war ein typischer Nachklapp, die haben es sicher in der Cosmopolitan gelesen und die Idee aufgegriffen.

Dennoch war die Nacht der Masken in einer Sendung im Privatfernsehen zu sehen. Wie kam das?

JACQUELINE: Wir vermuten, dass der Sender über die Zeitungsartikel aufmerksam wurde. Er drehte heimlich, aus einer Tasche heraus. Seitdem haben wir strenge Taschenkontrollen eingeführt. Fotoapparate und Handys werden von uns an der Garderobe verwahrt, zusätzlich muss eine Verschwiegenheitserklärung abgegeben werden. Wer bei einem Versuch erwischt wird, die Veranstaltung bildlich festzuhalten, der kann mit einer

Anzeige und weiteren rechtlichen Schritten rechnen. Der Schutz unserer Gäste hat bei uns oberste Priorität.

RENÉ: Nachdem der Beitrag über den Sender gegangen war, hatten wir richtig Ärger und finanzielle Verluste. Da im Fernsehen das Veranstaltungsschloss zu sehen war, haben sich dort Journalisten erkundigt. Der Schlossverwalter hat sich daraufhin sofort einen Anwalt genommen. Und der Anwalt hat, statt Presseanfragen abzuwarten, eine Presserklärung an alle bayrischen Medien verschickt, in der stand, dass die Schlossverwaltung nichts von der Art dieser Veranstaltung wusste. Daraufhin war in jeder bayrischen Zeitung etwas über den Sexskandal zu lesen. Wir haben gegenüber allen möglichen Zeitungen Unterlassungsverfügungen wegen der falschen Berichterstattung erwirken müssen. Selbstverständlich informieren wir über die erotische Ausrichtung der Veranstaltung – selbst wenn wir die verschweigen wollten, könnten wir es nicht, da wir das Servicepersonal nicht selbst mitbringen.

JACQUELINE: Besser wäre es gewesen, Ruhe zu bewahren und die wenigen Reporter, die sich aktiv melden, freundlich darauf hinzuweisen, dass man als Verwalter wirtschaftliche Interessen habe und was hinter geschlossenen Türen gefeiert würde, doch niemanden etwas angehe. Wir wollen in aller Diskretion feiern und waren schließlich auch zahlungskräftige Kunden. Wir haben denen die Wintermonate gesichert, da wird ein Schloss nämlich selten für Hochzeiten gebucht. Als wir daraufhin das Schloss verloren haben, war es toll zu merken, wie Gäste zu uns halten. Sie blieben uns treu, obwohl sie einige Unannehmlichkeiten hatten, wir mussten ja den Termin verschieben und ein neues Schloss finden. Sie mussten ihre Zimmer absagen und um zum neuen Termin anwesend sein zu können, eigene Termine verschieben. Ihr Verständnis ging zum Teil so weit, dass sie ihr Geld nicht zurückgefordert haben, obwohl sie an dem neuen Termin keine Zeit hatten.

Wie findet ihr eure geheimen Veranstaltungsorte?

RENÉ: Wir wählen die Orte nach verschiedenen Kriterien aus: Die Burg oder das Schloss sollten außergewöhnlich sein, einen schönen Gewölbekeller für die SM-Gelüste besitzen, Platz für mehrere Spiel- und Themenzimmer und eine Tanzfläche zum Abfeiern bieten. Ein angegliedertes Hotel und gute Hotels in der Nähe sind weitere Kriterien. Die Betreiber des Schlosses müssen ein mehrgängiges Menü anbieten können. Und wir suchen, wie erwähnt, mittlerweile Schlösser außerhalb von Ballungszentren.

JACQUELINE: Wer zu uns will, nimmt in der Regel weite Wege auf sich. Dadurch wird ganz natürlich das Publikum abgehalten, das wirklich nur aus Sensationslust kommen würde.

RENÉ: Wir haben schon in Regensburg, Koblenz, Dresden, Bamberg, Coburg und Bayreuth gefeiert – eine Nacht der Leidenschaft fand sogar in einem Filmstudio statt. Das Restaurant war eine Burg, wie sie nur ein Filmstudio herstellen kann, es blitzte und donnerte, Hufgetrappel war zu hören, Fackeln brannten an den Wänden und die Servicekräfte waren als Mägde ausstaffiert.

JACQUELINE: Es ist gar nicht so leicht, ein schönes Schloss zu finden, das alle Voraussetzungen erfüllt, wo der Service stimmt, genug Badezimmer da sind und die Vermieter keinerlei Berührungsängste mit dem erotischen Thema haben.

RENÉ: Die Gäste wünschen sich zum Beispiel Spiegelsäle, aber dennoch modernsten Standard, auch soll es wohltemperiert sein. Viele Schlösser werden im Winter jedoch überhaupt nicht richtig warm. Im Idealfall hat das Schloss mehrere Ebenen und unterschiedlich große Räume. Nur kleine Zimmer sind nicht ideal, sonst ist man zu sehr unter sich, gibt es nur große Säle, hat man schnell das Gefühl einer Massenabfertigung. Am besten geeignet sind Räumlichkeiten, die ein bisschen verwinkelt sind, offen, aber nicht sofort einsehbar. Dann hat man stärker das Gefühl, unter sich zu sein. Gibt es ein paar Zuschauer, nimmt man sie als angenehm wahr. Als ich auf einer Party in Amsterdam war, haben meine Partnerin und ich einen leeren Spielraum gefunden. Wir waren ganz für uns und auf uns fokussiert. Als wir unser Spiel beendet hatten, standen zu unserer Überraschung ganz viele Leute um uns herum. Wir hatten die Zuschauer völlig ausgeblendet, wenn sie von Anfang an da gestanden hätten, wären wir nie so weit gegangen.

JACQUELINE: Wir bekommen leider nicht jedes Schloss, das wir uns wünschen. Ich weiß nicht, was sich da bei manchen Menschen im Kopf abspielt, wenn wir an sie herantreten. Schwarze Messen? Orgien mit Blutopfern? Anstatt zu denken: »Oh, das scheint ein toller Abend zu werden, bei dem Aufregendes passieren wird.« Auch diejenigen Vermieter, die es wagen, sind erst skeptisch, aber hinterher haben alle gesagt, wir wären die nettesten Gäste gewesen, die sie bisher gehabt hätten.

RENÉ: Als wir vor zehn Jahren angefangen haben, bekamen wir viel leichter Schlösser. Wir riefen dort an und sagten, dass wir eine SM- und Fetisch-

»Dank Unterschichten-Fernsehen denkt jeder, er weiß, was SM ist – diese Klischees haben die meisten Menschen jetzt im Kopf. Dass SM ganz viele Facetten hat, das wird nicht wahrgenommen.«

RENÉ

Party veranstalten wollen, und die Besitzer fragten uns, was das denn sei. Sie waren völlig unvoreingenommen. Wir konnten erzählen, dass wir Gäste haben, die sich chic anziehen, vielleicht nicht gerade im Smoking und Abendkleid kommen, sondern in Latex, Lack und Leder, in phantasievollen Kostümen, auch schon mal in einer Art Rüstung oder als orientalische Bauchtänzerin, die zusammen essen und Party machen wollen. Im Gewölbekeller gäbe es ein paar Sachen, wo man sich fesseln kann. Genauer wollte das keiner wissen. Dann kam der Trend in den Privatsendern auf, in den Talkshows die prolligsten und unangenehmsten Leute als SMler auftreten zu lassen.

JACQUELINE: Die peinlichste Sorte von Menschen saß dann dort im Fernsehstudio auf der Couch. Als Domina oder Dom verkleidet, führten sie ihre Sklaven an der Hundeleine mit sich und brüllten sich an.

RENÉ: Dank Unterschichten-Fernsehen denkt jeder, er weiß, was SM ist – diese Klischees haben die meisten Menschen jetzt im Kopf. Dass SM ganz viele Facetten hat, das wird nicht wahrgenommen. Das hat Folgen für uns: Rufen wir heute bei einem Schloss an und erwähnen das Kürzel SM nur, kommt es oft gar nicht erst zu einem Gespräch, viele Vermieter lehnen sofort ab und geben uns keine Chance.

Warum feiert ihr immer wieder auf anderen Schlössern?

JACQUELINE: In Deutschland ist man prüder, als man denkt. Bekommt die Presse Wind davon, dass auf dem Schloss eine Orgie gefeiert wird, dann erscheint in der Lokalzeitung ein Artikel darüber, meist mit erhobenem moralischem Zeigefinger. Danach ist das Schloss für uns ›verbrannt‹, die Schlossbetreiber bekommen dann oft kalte Füße. So haben wir schon die eine oder andere phantastische Burg verloren. Die Gäste sind manchmal leider auch sehr gedankenlos. Sie missachten unsere Bitte, sich außerhalb des Schlosses diskret zu verhalten. Ein Gast hatte zwei Sklavinnen dabei, die eine hatte ein Katzenkostüm und die andere ein Hundekostüm an. Am Ende der Party hat der Gast die Sklavin im Hundekostüm auf allen Vieren durch den Ort laufen lassen, das konnte den Dorfbewohnern nicht verborgen bleiben. So hätten wir beinahe wieder ein Schloss verloren.

RENÉ: Aber auch wir buchen nicht jedes Schloss automatisch ein zweites Mal. Unsere Ansprüche sind sehr hoch, und nicht jeder Veranstalter kann halten, was er uns im Vorfeld zugesichert hat.

Im Gästebuch eurer Homepage gibt es viele positive Kommentare, aber auch Kritik. Wie geht ihr damit um?

JACQUELINE: Wir bekommen viel positives Feedback persönlich mitgeteilt. Wir haben Stammgäste, die uns sehr zugetan sind und das ganze Jahr durch buchen. Das sind oft viel beschäftigte Menschen, die wenig in Foren unterwegs sind, so findet leider nicht jedes Lob den Weg ins Gästebuch. Von zehn zufriedenen Gästen schreibt nur einer einen Kommentar, das ist schade.

RENÉ: Das Positive wird als Standard gesehen und nicht extra hervorgehoben. Ein Paar, das von Anfang an dabei war und uns unzählige Male privat versichert hat, wie großartig sie alles finden, hat noch nie ins Gästebuch geschrieben. Als im letzten November jedoch Schnee lag, kritisierten die beiden, dass es auf dem Weg vom Nebengebäude ins Haupthaus ziemlich kalt war. Was soll ich als Veranstalter da machen?

JACQUELINE: Es wird auf sehr hohem Niveau reklamiert. Gäste, die eigentlich wissen, dass sie eine tolle Party besuchen, reiten plötzlich auf einem kleinen Kritikpunkt herum, ohne das Positive zu erwähnen. Das ärgert uns manchmal.

RENÉ: Ich verstehe den psychologischen Effekt, der daran schuld ist, dass Gäste, die die ersten Male endlos begeistert waren, nach Jahren meinen, es wäre nicht mehr so gut wie früher. Jeder ist von seiner ersten Schlossparty total begeistert. Es gibt so viele Sinneseindrücke, überall ist was los, alles ist neu und aufregend. Wenn man das zweite oder dritte Mal kommt, ist es sogar noch umwerfender als beim ersten Mal, man ist selber weniger aufgeregt und kann alles mehr genießen. Aber wenn man auf sieben, acht, neun Partys war, dann kann man die meisten Bilder einordnen. Man blickt kurz auf die kunstvoll ans Andreaskreuz gefesselte Frau – und geht einfach weiter. Früher wäre man stehen geblieben, hätte das Bild in sich aufgesogen und Tage nicht mehr aus dem Kopf bekommen.

JACQUELINE: Aber wir versuchen natürlich dennoch, möglichst viele Anregungen aufzunehmen. Einige Gäste haben sich gewünscht, dass wir mal was im Sommer machen. Also boten wir einen Sommertermin an. Aber wir können nicht alles erfüllen, zum Beispiel den Wunsch nach Kerzen. Klar fände ich Kerzen auch schöner. Deshalb hatten wir am Anfang auch welche. Aber nachdem die Kerzenständer immer wieder umkippten, das Wachs die teuren Teppiche ruinierte und einmal sogar ein Vorhang brannte, haben wir davon Abstand genommen.

Welche persönliche Leidenschaft verbindet ihr mit eurer Arbeit?

JACQUELINE: Ich organisiere heute hauptsächlich die Schlosspartys, René den German Fetish Ball. Mein Mann gehört auch mit zum Team. Jeder denkt, unsere Namen wären Künstlernamen, aber sie sind echt. Wir wollten immer nur Partys machen, hinter denen wir mit unseren Namen stehen können.

RENÉ: Vor ein paar Jahren mussten wir uns entscheiden. Sollten wir die Partys aufgeben oder hauptberuflich weiterführen? Für ein Hobby war es mittlerweile zu viel Arbeit. Jacqueline war schon fertig mit dem Studium und gab Schulungen. Ich war noch Student. Da unser ganzes Herzblut daran hing und es uns richtig Spaß machte, haben wir eine Eventagentur gegründet und unser Angebot um immer neue Veranstaltungen wie die Lounge Bizzare und den German Fetish Ball erweitert. Viele Gäste denken, wenn man erotische Events organisiere, wäre man ständig im Rausch, aber das stimmt natürlich nicht. Wir sind ja keine Gäste auf unseren Partys. Auch wenn die Nacht der Masken klein und intim ist, sind wir doch die Gastgeber. Jacqueline macht den Einlass und kümmert sich darum, dass die Künstler wissen, wann ihr Auftritt ist, dass die Köche das Essen rechtzeitig rausschicken und all die anderen Kleinigkeiten, die für das Gelingen des Festes entscheidend sind. Meine Rolle ist die Begrüßung der Gäste. Wir essen mit den Gästen, unterhalten uns mit ihnen und versuchen, immer alles im Blick zu haben.

JACQUELINE: Natürlich spiegelt die erotische Ausrichtung der Veranstaltungen unsere persönliche Leidenschaft wider. Deshalb haben wir es überhaupt gemacht, weil wir selbst solche Events besuchen wollten.

RENÉ: Aber machst du aus deiner Leidenschaft einen Beruf, ändert sich vieles. Da ist es egal, ob du ein Restaurant eröffnest, weil du aus Leidenschaft kochen möchtest, oder leidenschaftlich Häuser in der Toskana magst und deshalb eines in ein kleines Hotel umbaust. Nach spätestens zwei Jahren bist du hauptsächlich Geschäftsmann.

JACQUELINE: Jetzt machen wir das für unsere Gäste, für uns selbst ist es nicht mehr so schillernd und leidenschaftlich, sondern Routine.

RENÉ: Egal wie leidenschaftlich man hinter einer Sache steht, sobald man es professionell macht, hat man plötzlich was anderes. Die erste Leidenschaft weicht einer anderen, wir sind leidenschaftliche Dienstleister geworden. Wir wollen, dass unsere Gäste den perfekten Abend erleben.

JACQUELINE: Aber ich kann verraten, dass ich sehr gerne auf unseren Partys

Gast wäre. Mich einfach gehen lassen, mich fallen lassen, mich von meinem Mann verwöhnen lassen. Um mal wieder diese Sinnlichkeit und Freiheit zu erleben und nicht nur zu sagen: Kann mal jemand da hinten die Weingläser vom Boden wegräumen? Als Veranstalterin gehe ich nicht in den Playroom, um selbst zu genießen. Auch mein Mann ist viel zu sehr Mitveranstalter, er könnte sich nicht entspannen.

RENÉ: Das ist bei mir anders. Bei der Nacht der Masken kann nach dem Essen fast nichts mehr schiefgehen. Wir haben keine Kerzen mehr, die MP3-Player spielen in der Endlosschleife, es läuft. Dann kann es sein, dass ich mich an die Bar setze und was trinke oder mit meiner Freundin in die Playrooms gehe und spiele. Wenn ich dann noch nette Gäste kennenlerne, ist das eine tolle Sache, fast so, als ob ich Gast wäre. Dann ist das für einen Moment so, wie Jacqueline sagte: Ich bin auf einer Party, die genau so ist, wie ich sie mir vorstelle. Wir geben den Gästen, was wir uns selbst wünschen. Jeder gute Koch schickt das Essen raus, das er selber gerne essen möchte. Er kocht mit Liebe, und wenn er im Urlaub ist, möchte er das auch haben, aber solange er am Herd steht, geht das nicht.

JACQUELINE: Das ist ein guter Vergleich. Das Personal setzt sich auch erst später zum Essen hin.

RENÉ: Die Leidenschaft steckt in der Konzeption, da steht man dahinter wie ein Regisseur, der seinen Film dreht. Aber wenn er gedreht ist, ist nicht mehr diese Leidenschaft da. Dann steckt so viel Arbeit drin, dass er den Film nicht mehr unvoreingenommen genießen kann. Doch er erkennt, dass es ein guter Film geworden ist – und ist stolz darauf.

Il Ridotto (Das Foyer)
Ölgemälde von
Francesco Guardi

Masken und Erotik
Exkurs in die Kulturgeschichte der Maske

Wien zu Beginn des 20. Jahrhunderts: Fridolin, Hauptperson in Arthur Schnitzlers *Traumnovelle,* beobachtet auf einer rätselhaften Orgie maskentragende Frauen und ist dabei selbst durch eine Maske geschützt: »… und Frauen standen unbeweglich da, […] schwarze Spitzenlarven über dem Antlitz, aber sonst völlig nackt. Fridolins Augen irrten durstig von üppigen zu schlanken, von zarten zu prangend erblühten Gestalten; – und dass jede dieser Unverhüllten doch ein Geheimnis blieb und aus den schwarzen Masken als unlöslichste Rätsel große Augen zu ihm herüberstrahlten, das wandelte ihm die unsägliche Lust des Schauens in eine fast unerträgliche Qual des Verlangens. So wie ihm erging es wohl auch den anderen.«

Aus Stanley Kubricks Film *Eyes Wide Shut* ist eine ähnliche Szene bekannt. Das ist kein Zufall, der Film beruht auf Schnitzlers Novelle. Kubrick hat die Handlung nach New York am Ende des 20. Jahrhunderts verlegt. Der Arzt Bill Harford erschleicht sich Zutritt zu einem orgiastischen Maskenball und wird Zeuge eines Rituals: Zwölf Frauen stehen in schwarzen Umhängen im Kreis um einen Hohepriester. Auf ein Zeichen von ihm lassen sie die Capes fallen und stehen aufreizend nackt, nur mit einer venezianischen Maske bekleidet, da. Die Mitglieder des geheimen Zirkels und die maskierten Frauen finden sich zu Paaren zusammen, eine der Schönen kommt auf Bill zu und küsst sein maskiertes Gesicht. Bevor er als Eindringling entlarvt wird, beobachtet er die sexuellen Ausschweifungen der anderen. Die Identität der Besucher wird weder in der *Traumnovelle* noch im Film enthüllt, reich und mächtig sind sie, nur so viel ist sicher. Sie tragen Masken, um sich zu verbergen, doch gleichzeitig offenbaren sie dadurch ihre Wünsche. Sie nutzen die Faszination der Masken, die ihnen innewohnende Magie, um sich zu verwandeln und Illusionen zu schaffen.

Künstler, Philosophen und Psychologen beschäftigen sich gleichermaßen immer wieder mit ähnlichen Fragen:

Wie viele Gesichter besitzt ein Mensch? Welches ist das wahre Gesicht? Wer steckt hinter der Maske?

Der irische Schriftsteller, Exzentriker und Dandy Oscar Wilde war der Überzeugung, eine Maske verrate mehr über den Träger als das Gesicht dahinter. Und dass der Mensch mehr er selbst sei, wenn er eine Maske trage. In der Erzählung *Die Maske des Roten Todes* beschreibt Edgar Allen Poe einen pompösen Maskenball: »Da gab es viel Prunkendes und Glitzerndes, viel Phantastisches und Pikantes. [...] In der Tat, es schien, als wogten in den sieben Gemächern eine Unzahl von Träumen durcheinander. Und diese Träume wanden sich durch die Säle, deren jeder sie mit seinem besonderen Licht umspielte, und die tollen Klänge des Orchesters schienen wie ein Echo ihres Schreitens.« Einer der Gäste kann nicht demaskiert werden, denn es ist der Tod.

Giacomo Casanova, Venezianer, Schriftsteller, weltberühmter Liebhaber und Frauenheld, wiederum beschreibt in seiner *Geschichte meines Lebens,* wie selbstverständlich die Maske zum Leben in Venedig gehört: »Eines Tages zu Anfang des Monats Oktober 1746 ging ich in der Maske spazieren, da die Theater geöffnet waren.« Aber auch wie er und seine Geliebten die Maske für Liebesabenteuer nutzten: »Pünktlich zur abgemachten Stunde sah ich eine Gondel mit zwei Rudern sich nähern; eine maskierte Person sprang heraus, [...] und schritt dann auf das Denkmal zu. Als sie näher kam, klopfte mein Herz vor Wonne; plötzlich aber bemerkte ich, dass die Maske ein Mann schien. Ich wich ihr aus und machte mir im stillen Vorwürfe, dass ich meine Pistolen nicht eingesteckt hatte. Die Maske ging jedoch um das Denkmal herum, trat auf mich zu und streckte mir freundschaftlich die Hand entgegen; ich erkannte meinen Engel.« Der Engel ist die Nonne M.M., mit der er sich in seinem Liebesnest vergnügen wird.

Die ersten Masken kamen bei rituellen Zeremonien zum Einsatz, der Mensch versteckte nicht nur sein Gesicht, sondern er verwandelte sich durch sie, wurde zu etwas Göttlichem oder Dämonischem. Im Totenkult und im Rahmen der Ahnenverehrung wurden den Masken magische Kräfte zugeschrieben, die das Wissen und die Fähigkeiten des Verstorbenen auf die Hinterbliebenen übertrugen. Außerdem halfen sie dabei, die Erinnerung an den Toten wachzuhalten.

In der Antike entwickelte sich aus der religiösen Maske die Theatermaske. Sie diente nun nicht mehr der Verehrung der Götter, sondern der Unterstützung der Kunst. Sie charakterisierte schnell und leicht verständlich eine bestimmte Figur. Diese Art der Maskierung, die einen Typen kennzeichnete, wurde in der italienischen Renaissance wieder aufgenommen und durch die Commedia dell'arte in alle europäischen Länder getragen.

So fand die Theatermaske Eingang in die höfische Festkultur der Regenten. Der Maskenball wurde ein beliebter Zeitvertreib des Adels, schuf er doch die Möglichkeit, Standes- und Geschlechterrollen zu überschreiten. Im Schutze der Unkenntlichkeit konnte sich jeder jedem nähern. Ludwig XIV., seit 1643 König von Frankreich, veranstaltete in Versailles Maskenbälle, die in ganz Europa legendär waren.

Im selben Jahrhundert erlebten auch die Maskenbälle in Venedig ihre Glanzzeit. Während des Karnevals, von Oktober bis zur Fastenzeit, und während vieler anderer Feste war es gestattet, sich zu maskieren. Es wurde Mode, die Masken auch auf der Straße zu tragen. Einer der Besucher Venedigs, der Parlamentspräsident von Bordeaux Charles de Brosse, schreibt 1739 in einem Brief nach Hause: »Danach kann man auf gut sechs Monate rechnen, wo hier alle Welt maskiert geht, Priester und Laien, selbst der Nuntius und der Türschließer der Kapuziner. Denken Sie nicht, dass ich im Scherz rede. Maske gehört zum Anzug.« Dies erlaubte es der venezianischen Gesellschaft, sich fast das ganze Jahr über Exzessen und Ausschweifungen, dem Glücksspiel und amourösen Vergnügungen hinzugeben. Die Gemälde von Francesco Guardi und Pietro Longhi vermitteln einen poetischen Eindruck von den Festlichkeiten und den verhüllten Venezianern in den Gassen der Stadt.

Der Fremde, der Venedig im 18. Jahrhundert besuchte, war durch Reiseberichte darauf eingestimmt, dass ihm unerhörte erotische Möglichkeiten offenstanden.

Der englische Schriftsteller Joseph Addison schrieb über die Maskerade: »Die Venezianer – von Natur aus festlich gestimmt – lieben es, sich in die Massen und Vergnügungen derartiger Anlässe zu stürzen und dabei ihre Identität hinter Vermummungen zu verbergen. Diese Verkleidungen eröffnen jede Gelegenheit für eine Unmenge an Liebesabenteuern, denn die Amouren von Venedig sind intrigenreicher als in irgendeinem anderen Land.«

Viele Fürsten und Adelige, auch der eine oder andere Regent, konnten den Verlockungen nicht widerstehen, strömten nach Venedig, um maskiert an den Ausschweifungen teilzuhaben.

Während dieser Zeiten herrschte eine Freiheit, die sonst nicht gegeben war. Erlaubt war, was gefiel, und die Maskerade machte alle gleich. Napoleon Bonaparte verbot nach seinem Einmarsch in Venedig im Jahr 1797 das Maskieren und beendete damit die fast zwei Jahrhunderte dauernde gesellschaftliche Freiheit hinter dem Schutz der Maske.

Die Maske als Objekt zählt zu den frühesten Schöpfungen der Kunst, so ist es nicht verwunderlich, dass sich Künstler bis heute immer wieder mit ihr befassen, ist die Kulturgeschichte der Maske doch untrennbar mit der des Menschen verbunden. Als Gegenstand und Motiv findet sich die Maske in zahlreichen Werken von der Antike bis zur Neuzeit. Vom 16. bis 18. Jahrhundert hatte die Maske in der europäischen Kunst eine allegorische Bedeutung. Sie wurde mit der Falschheit oder der Lüge assoziiert.

Ein Schwerpunkt der künstlerischen Auseinandersetzung mit dem Thema lag im 19. und beginnenden 20. Jahrhundert, zur selben Zeit als Arthur Schnitzler seine *Traumnovelle* schrieb und sich die Psychoanalyse, die Theorie der unbewussten psychischen Vorgänge, zu entwickeln begann. Der Mensch zerfiel in ich und es. Damit bekam die Maskerade eine weitere Dimension. In ihrer Symbolhaftigkeit wurde sie ein wichtiges Accessoire der Künstler, um die Frage nach der Identität und dem zweiten Gesicht zu stellen, während der belgische Maler Félicien Rops mit seinen erotischen Werken wie *Pornocratès* (1896) oder *La Pudeur de Sodome* (1888), bei dem eine Frau eine schwarze Halbmaske über ihrem nackten Gesäß trägt, die Sitten seiner Zeit anprangern wollte. Die Maske betont bei ihm den sexuellen Charakter seiner Werke. Auch Picasso, der einmal sagte, dass Kunst immer erotisch sei, malte nicht nur einen weiblichen Akt mit Maske. Nachdem er ozeanische und afrikanische Masken gesehen hatte, begann er die Gesichtszüge seiner Figuren fundamental zu vereinfachen. *Les Demoiselles d'Avignon* (1907) stellt fünf Prostituierte in einem Bordell dar, drei der fünf Frauenakte tragen Masken. Die Gesichter der anderen sind verformt und haben einen Mangel an Symmetrie. Das Bild leitete den Übergang vom Gesicht zur Maske in der westlichen Kunst ein und revolutionierte sie.

In den Fotografien der Moderne spielt die Maske bis heute im Bereich der dunklen, abgründigen Seite der Lust eine besondere Rolle.

Man Ray setzte sich zum Beispiel in den fotografischen Werken *Woman with Mask and Handcuffs* (1929) und *The Fantasies of Mr. Seabrook* (1930) mit Fesselungen und sadomasochistischen Phantasien auseinander. Der englische zeitgenössische Fotograf China Hamilton schuf für seine Serie *Intimate Obsessions* eindringliche Porträts von nackten, maskierten Frauen.

Der Gast, der eine Maskenorgie, keinen Faschingsball, besucht, wird sehr schnell das Geheimnis ihrer Wirkung erfahren: Sie verstärkt das Verlangen und regt die Phantasie an. Der verhüllte Blick betont den sexuellen Charakter sämtlicher Handlungen und Situationen, auch wenn Sexualität im engeren Sinne vielleicht nur in kleinen Gesten angedeutet wird. Allein schon das Tragen bedeutet einen Lustgewinn und löst Erregung aus. Im Schutz der Maske kann er Tabus brechen, sich befreien aus Dogmen und Konventionen.

Die Maske befreit unterdrückte, tief im Unterbewusstsein verborgene Wünsche und bietet die Möglichkeit, sich zu verwandeln – oder zu sich selbst zu finden.

Quellen

Traumnovelle
Arthur Schnitzler

Eyes Wide Shut
Film, Stanley Kubrick

Geschichte meines Lebens
Giacomo Casanova
Digitale Bibliothek

Die Maske des Roten Todes
Edgar Allan Poe

Wir sind Maske
Sylvia Ferino-Pagden (Hrsg.)
Katalog zur Ausstellung im
Kunsthistorischen Museum, Wien 2009

Masken
Ralf Beil
Metamorphosen des Gesichts
von Rodin bis Picasso.
Katalog zur Ausstellung im Musée d 'Orsay,
Paris 2008/2009

Italien - La bella Italia
Kunst, Kultur, Geschichte, Traditionen
Prof. Dr. Achatz Freiherr von Müller

Masken
Barbara Garde, www.planet-wissen.de

Impressum

Die Nacht der Masken
Wahre Geschichten über die
exklusivste Erotikparty der Welt
Deutsche Erstausgabe

www.gatzanis.com

Autorin: Ines Witka, www.ineswitka.de

Fotos: Sabine Schönberger, Zweiflingen
Aus Gründen der Diskretion zeigen die Bilder nicht die tatsächlichen Interviewpartner

Foto Seite 166: Il Ridotto (Das Foyer) von Francesco Guardi (Original im Museo del Settecento Veneziano, Ca' Rezzonico, Venice)

Lektorat: Hannes Windisch, Leipzig

Korrektorat: Johanna Stotz, Stuttgart

Konzept und Gestaltung: Studio GOOD, Berlin

Bildbearbeitung: Christina Kießling, Korb

Gesamtherstellung: Offizin Andersen Nexö Leipzig GmbH, Zwenkau

Printed in Germany
ISBN: 3-932855-16-7